VIE

DE

GUILLAUME BUDÉ

FONDATEUR DU COLLÈGE DE FRANCE

1467—1540

GENÈVE, IMPRIMERIE CHARLES SCHUCHARDT

GUILLAUME BUDÉ

VIE

DE

GUILLAUME BUDÉ

FONDATEUR DU COLLÈGE DE FRANCE

(1467 - 1540)

PAR

Eugène de BUDÉ

PARIS
LIBRAIRIE ACADÉMIQUE DIDIER
ÉMILE PERRIN, LIBRAIRE-ÉDITEUR
35, QUAI DES GRANDS-AUGUSTINS, 35
1884

CHAPITRE I

JEUNESSE DE BUDE [1]

Guillaume Budé naquit à Paris en 1467. Sa famille, établie dans la capitale dès le règne de Charles V, et répandue successivement en diverses provinces de France, particulièrement en

---

[1] Dans tout le seizième siècle on a écrit : « Budé, » et depuis le dix-septième siècle « Budée » à cause des formes latines et grecques que ce savant employait pour son nom : Budæus, Βουδαῖος.

Budé, son père, signait *Bude Johannes*, comme on peut le voir à la fin d'un manuscrit latin de la Bibliothèque nationale *N° 6931*.

G. Budé signait aussi *Budé*, ainsi que le témoigne son testament où son nom est trois fois écrit de la même manière (Bibliothèque nationale, collection Dupuy, tome DLXXXI).

Dans ses Remarques sur la traduction de Thucydide, Perrot d'Ablancourt écrit « Budée. »

Dans ses Observations sur la langue française, Mé-

Champagne et dans le pays de Gex, avait déjà fourni plusieurs hommes distingués à l'armée et à la magistrature [1]. Guillaume était le cinquième fils de Jean Budé, seigneur d'Yères, de Villiers et de Marly, grand audiencier de France, et de Catherine Le Picart de Plateville [2].

Jean Budé était un homme riche et qui avait

---

nage remarque que le nom de l'illustre helléniste français était *Budé* et non *Budée*, bien que ce dernier ait toujours signé Budæus. Chose étrange ! tout en faisant cette remarque, Ménage écrit *Budée* en toute occasion. En résumé, ni Budé ni ses contemporains n'ont orthographié autrement que *Budé*. Ce n'est qu'un siècle plus tard qu'on a prétendu mettre d'accord son nom français avec son nom latin, les mots latins terminés en *œus* faisant des mots français terminés en *ée*: Budæus, Budée. Mais le véritable nom est Budé.

[1] Armes : d'argent au chevron de gueules, accompagné de trois grappes de raisin d'azur, tigées et feuillées de sinople. Couronne de marquis. Supports : deux sauvages.

[2] La maison des Picart était une des plus anciennes de Paris. Elle comptait des branches nombreuses et d'illustres alliances. De cette famille descendent par les femmes trois maréchaux de France : de Brissac, de Saint-Luc et de Bassompierre. Armes : porte d'azur, au lion d'or.

reçu, par les soins de son père[1], une instruction remarquable pour l'époque, comme le témoigne La Croix du Maine au premier volume de sa *Bibliothèque des hommes illustres*. Il possédait une fort belle collection d'ouvrages rares et précieux, et s'occupait lui-même de recherches historiques. Il fit un recueil très détaillé des arrêts prononcés, tant en latin qu'en français, dans les cours souveraines du royaume et notamment dans celle de Paris.

Jean Budé atteignit un âge avancé : il mourut en 1501, laissant une nombreuse lignée ; il avait eu sept fils et sept filles. Il fut inhumé, ainsi que sa femme, en l'église des Célestins à Paris, grâce à un privilège tout particulier : aussi fit-il par anticipation à cette maison un don de mille écus. Son épitaphe[2] avait été placée contre la muraille

---

[1] Du Tillet (Guerres du roi Charles VII et des Anglais) dit que Dreux Budé, grand-père de Guillaume, était secrétaire du roi et que l'on retrouve son nom sur les documents relatifs aux négociations entre la France et l'Angleterre.

[2] « Ci gît noble homme et sage Jean Budé, en son vivant Conseiller du Roi notre sire et audiencier de la Chancellerie de France, qui trépassa le dernier jour de

de la chapelle d'Orléans, à gauche du grand autel.

Jean Budé mit de bonne heure son fils entre les mains de précepteurs qui devaient lui apprendre les belles-lettres; les écoles du temps étaient trop mal dirigées pour qu'on pût songer à l'éducation publique.

Plus tard le jeune homme fut envoyé à Orléans pour y apprendre le droit. Il y resta trois ans sans faire de progrès, et revint auprès de son père, avec le dessein bien arrêté d'abandonner entièrement les études. Dès lors il vécut en vrai gentilhomme : il s'occupait d'orner ses écuries des plus beaux chevaux et tâchait de sur-

---

février l'an 1501, et noble femme Le Picart (Caterine), en son vivant femme du dict Jean Budé, qui trépassa le 1ᵉʳ jour d'août l'an 1506.

Priez Dieu pour leurs âmes. »

Cette épitaphe est insérée au livre des Antiquités et Privilèges du couvent des Pères Célestins de Paris, livre qui fut composé par le père Beurrier, religieux de l'Ordre, et imprimé en 1634.

Sur les deux tombes de Jean Budé et de son épouse étaient gravées sur cuivre les armoiries des familles respectives.

passer par ses meutes celles des autres seigneurs. Toutefois ces passe-temps frivoles ne furent pas pour lui de longue durée : il reconnut bien vite que ce n'est point dans les joies mondaines que réside le véritable bonheur; que ces joies ne laissent rien après elles, dans un âge avancé, sinon le regret de les avoir perdues; tandis qu'une jeunesse consacrée à de sérieux travaux prépare pour le vieillard une infinité de ressources et de jouissances, dont il savoure la douceur jusqu'à sa mort.

Tel fut le changement qui s'opéra en Budé à l'âge de vingt-quatre ans. Il regretta le temps perdu dans les dissipations de sa jeunesse, et se mit en devoir de le réparer. Les jours n'étaient pas assez longs pour lui ; il veillait des nuits entières au milieu des livres, tant le désir d'apprendre le tourmentait. Afin de satisfaire aux exigences de cette passion pour l'étude, il ne reculait devant aucune fatigue. Il usait son corps par le travail; mais l'espoir de laisser un nom à la postérité le consolait de la fuite rapide d'une vie qu'il semblait abréger comme à plaisir.

Sans maître et sans guide, il rencontra bien des pierres d'achoppement sur son chemin. Il commit de graves méprises dans ses premières lectures. Il choisissait souvent le plus méchant ouvrage, et lisait de mauvais traducteurs avec plus d'attention que les auteurs eux-mêmes. Il comprit bientôt qu'il faisait fausse route ; aussi résolut-il de se garder désormais des traductions et de ne s'attacher qu'aux bons écrivains; il lut les auteurs dans le texte original, Cicéron entre autres, en vue de se former au style et à l'éloquence. Pour recueillir des fruits abondants de ses lectures, il adopta vite une bonne méthode: c'était de lire plusieurs fois le même livre, et de comparer le commencement avec le milieu, et le milieu avec la fin, moyen efficace de retenir le fil du discours, et de s'habituer à la synthèse des idées.

La persévérance est un des principaux traits du caractère de Budé. Lorsqu'il rencontrait quelque point obscur chez un auteur latin, jamais il ne passait outre sans l'avoir éclairci. Cette habitude de ne point abandonner la partie pour un mot ou un passage difficile le rendit en peu de temps bon latiniste.

L'étude du grec vint bientôt enflammer son zèle. A cette époque, Georges Hermonyme de

Sparte se rendit à Paris. C'était un homme dont le savoir n'était pas très étendu ; mais comme il était le premier helléniste qui eût paru en France, on le recherchait beaucoup. Budé ne tarda pas à faire sa connaissance. Il le fit venir chez lui, et lui paya généreusement ses quelques leçons[1]. Hermonyme lut à son élève les poèmes d'Homère et les œuvres d'Aristote; mais comme il était un médiocre professeur[2], il ne tarda pas à être dépassé par son disciple. On verra dans les lignes qui suivent combien Budé regretta le temps perdu au début de ses études, et surtout la rencontre d'un maître aussi fâcheux.

Budé écrivait à Tunstall à l'occasion de ces études : « Je vous ai dit que je n'ai pas eu de maître[3]; j'ajoute que j'ai appris les éléments de la littérature et de la grammaire à Paris, d'après un système suranné que des usages un peu plus intelligents ont enfin proscrit. Je passai de ces

---

[1] On nous dit que pour cela Budé ne lui donna pas moins de cinq cents écus d'or.

[2] Hermonyme était un copiste qui eut au moins le mérite de faire connaître à son élève de fort beaux manuscrits.

[3] Ailleurs Budé se prétend αὐτομαθῆ τε καὶ ὀψιμαθῆ.

faibles rudiments de littérature à l'étude du droit, non sans avoir perdu un temps précieux dans l'intervalle. Rentré sous le toit paternel au bout de trois ans, je me livrai au plaisir et aux dissipations qui étaient le passe-temps d'une jeunesse ignorante. Quelques années s'écoulèrent ainsi. A la fin la passion de l'étude s'alluma en moi. Je m'y livrai au fond de la maison paternelle, tout seul, sans m'occuper des scolastiques, ayant bien soin d'éviter les disputes publiques qu'ils tiennent chez nous. Mais, faisant mes lectures au hasard, je lus de fort méchants livres. Je n'appris d'abord que la lie du grec ; reconnaissant la mauvaise voie où je m'étais engagé, je recourus à des auteurs d'un meilleur choix ; j'avais hâte de purger mon esprit de la mauvaise nourriture qu'il avait absorbée jusque-là. Alors nouveau malheur! Je rencontre un certain Grec, déjà vieux ; ou plutôt, c'est lui qui vint s'emparer de moi, pour faire de son écolier sa vache à lait ; et en effet il sut tirer de moi un argent considérable. Pourtant ce n'était pas un homme lettré ; j'avoue qu'il m'apprit à bien lire sa langue, à la bien prononcer; mais en tout le reste, il était au-dessous de sa tâche. Je ne saurais dire le supplice qu'il me fit souffrir, en m'enseignant chaque jour le contraire de ce qu'il m'avait appris la veille. Je ne faisais des progrès qu'autant que j'oubliais ses leçons. Et cependant j'entendais dire qu'il n'y avait pas en France d'autre Grec que lui. Au commencement je l'avais pris pour un très savant homme. Ce n'est pas que ses leçons ne me parussent assez pauvres dans le détail, mais il me semblait que l'habile homme ne m'enseignait si peu de chose à la fois, qu'afin de faire durer ses leçons plus longtemps. D'ailleurs il savait m'éblouir en déployant son Homère sous mes yeux, et en me nommant un à un les auteurs les plus célèbres[1]. Mais, peu à peu, l'éclat que les nouvelles études jetaient en Italie arriva par quelques lueurs jusque chez nous. M'étant alors pourvu de livres, je recommençai à étudier seul, faisant chaque jour double besogne. Résolu à tout reprendre sur nouveaux frais, je renvoyai mon Grec qui ne voulait pas me lâcher. N'ayant plus de leçons à me donner, il me poursuivait pour me faire acheter des livres ou payer des copies; avec lui je ne savais pas marchander.

---

[1] « ἐξονομακλήδην ὀνομάζων ἄνδρα ἕκαστον. »

En somme ce maître de grec ne m'apprit donc que l'alphabet et sur ce point-là même ses leçons auraient pu être meilleures[1].

Budé en était là, lorsque passa d'Italie en France un homme bien supérieur à Hermonyme par son savoir et surtout par sa vaste intelligence. C'était Jean Lascaris[2], dont la brillante réputation attira bientôt Guillaume Budé. Malheureusement les charges que remplissait Lascaris à la cour et ses fréquentes ambassades lui per-

---

[1] Budé dit en propres termes : « Nihil enim didiceceram πλὴν γραμμάτων, καὶ ταῦτα μέντοι κακὰ κακῶς. »

[2] Jean Lascaris, originaire de Phrygie, appartenait à la famille impériale des Lascaris. Après les désastres de sa race, il suivit son père dans le Péloponèse, puis à Venise et à Padoue, où il apprit le latin. A Florence il devint le protégé de Laurent de Médicis, pour lequel il retourna en Orient chercher des manuscrits grecs. Il en rapporta deux cents pièces, parmi lesquelles se trouvaient les chefs-d'œuvre qu'il édita à partir de 1494. Plus tard il visita la France à la suite de Charles VIII. En 1503, il fut envoyé en ambassade par Louis XII à Venise, après quoi il se rendit à Rome, où il inspira à Léon X la création d'un gymnase qui devint un foyer d'hellénisme. En 1518 François Ier le rappela à Paris, et c'est alors que G. Budé put profiter de ses conseils.

mirent seulement de donner à Budé quelques avis, malgré le vif intérêt qu'il lui portait et sa bonne volonté de lui être utile. Ces excellentes directions, quelques rares qu'elles fussent, lui profitèrent tellement, qu'il occupa dès lors, et de l'aveu de tous, le premier rang parmi les hellénistes. Lascaris lui-même, frappé d'admiration pour l'élégance de sa diction, marquée au coin du plus pur atticisme, disait de lui ce qu'Apollonius disait de Cicéron : « La science et l'éloquence, qui appartenaient aux Grecs seuls, ont passé, grâce à lui, en France, comme jadis elles étaient entrées à Rome, grâce à Cicéron, qui les avait arrachées à la Grèce languissante. »

Le talent que Budé avait acquis dans la langue grecque le rendit en peu de temps célèbre. Christophe Longueil réclama la faveur de recevoir ses leçons. Voilà donc l'élève de la veille jugé capable d'enseigner à son tour ! Budé lui répondit que ses occupations l'empêchaient d'accéder à son désir, mais qu'il lui procurerait un maître moins avancé que lui, et que dans ses moments de loisir il s'empresserait de lui expliquer lui-même les points obscurs et de lui interpréter les passages les plus difficiles. Longueil envisagea cette réponse comme un refus : il accusa faussement Budé de ne vouloir admettre personne dans ce genre d'études, et d'être jaloux de ceux qui auraient pu, en suivant la même carrière, partager sa gloire et sa réputation. Il résolut de partir pour Rome, afin d'y apprendre le grec, mais dans l'espoir surtout de dépasser celui dont il avait eu à essuyer un refus qui blessait son amour-propre. Il se berçait de cette douce espérance qu'entretenait sa jalousie. Après avoir étudié cinq ans avec de bons professeurs, il écrivit à Budé une lettre en grec, croyant l'avoir surpassé. Budé prit immédiatement la plume, et lui répondit dans un style si élégant et si pur qu'il fit d'abord l'admiration, puis le désespoir de Longueil. Découragé à la vue de l'abîme qui le séparait encore de Budé, Longueil renonça au grec et revint au latin.

Budé apprit aussi les mathématiques sous la direction de Jacques Lefèvre. Tous les problèmes que le professeur soumettait à son élève, celui-ci les résolvait avec la plus grande facilité. Il jouissait d'une autre faculté bien précieuse : une mémoire remarquable, que le travail et l'exercice contribuèrent puissamment à développer. Elle était telle que, les choses une fois sues, il lui était impossible de les oublier. Les vers qu'il avait appris dans sa jeunesse, il pouvait les réciter trente ans plus tard sans hésitation. A l'étude des auteurs anciens et des mathématiques, Budé joignit bientôt celle des beaux-arts, des sciences naturelles, de la philosophie, de l'histoire, de la médecine, de la théologie, enfin du droit dont il avait déjà reçu à Orléans les premiers rudiments. Mais il avait été rebuté par la barbarie et la subtilité qui enveloppaient alors cette science. C'était le temps des glossateurs, et surtout d'Accurse, qui avait fait sur les Pandectes une glose continue, récapitulant, dans un travail qui ne comptait pas moins de six volumes, les gloses de tous ses prédécesseurs. Le corps du Droit romain disparaissait, pour ainsi dire, sous le réseau inextricable des commentaires. C'était contre cette méthode que Budé devait s'opposer de toutes ses forces, comme nous le verrons plus tard, par ses Annotations sur les Pandectes. Nous assisterons à cette métamorphose du droit qui, sous son influence, se dépouille de toutes les formes héritées du moyen âge, change totalement de méthode, pour devenir plus tard, grâce à Cujas, une science toute française. Si ce dernier, surnommé l'oracle des jurisconsultes, a pénétré si avant dans la connaissance et l'explication des lois romaines, on peut dire qu'il travaillait sur un terrain que Budé avait déjà laborieusement défriché.

Dans son zèle pour l'étude, Budé négligeait complètement le soin de son avenir. Ses amis, voyant que les années s'écoulaient et qu'il s'adonnait tout entier aux sciences, sans songer à augmenter ni même à conserver son bien, faisaient tous leurs efforts pour tourner ses regards vers son propre intérêt, lui prédisant la pauvreté comme conséquence inévitable de sa manière de vivre. Les inquiétudes de ses amis n'étaient rien, comparées à celles de son père. Ce dernier, voyant l'ardeur exagérée que son fils apportait au travail, conçut de graves inquiétudes sur sa santé. Espérant le détourner des lettres et des sciences, il lui proposa d'embrasser une carrière civile qui lui ouvrît la porte des honneurs et de la fortune. Mais ni les plus tendres exhortations, ni les avertissements les plus sévères, ne produisirent d'effet sur cette constance opiniâtre. Jean

Budé se fit un devoir de lui parler une dernière fois en ces termes :

« Quelle est votre intention, lui dit-il, que prétendez-vous faire ? pourquoi passer ainsi les jours et les nuits dans la méditation de toutes les sciences ? Voulez-vous vous épuiser sous mes yeux par les travaux et les veilles ? Ne vous ai-je donc élevé avec tant de soins que pour vous voir courir avec tant de précipitation à votre perte ? Avais-je conçu de si justes espérances des heureuses dispositions que le Ciel vous a données, pour m'en voir privé dans ma vieillesse, que votre mort va combler d'affliction ? Oui, mon cher fils, je ne puis vous regarder sans avoir pitié de votre sort. A quoi bon brûler d'une ardeur insensée pour les belles-lettres ? Pourquoi n'apportez-vous aucun relâche à vos travaux ? Je veux bien que la nature vous ait inspiré de l'inclination pour les sciences ; mais faudra-t-il que, pour suivre un penchant qui s'est éveillé assez tard, vous pensiez devoir vous y adonner avec si peu de ménagement ? qu'au mépris de votre santé et de vos affaires, vous vous exposiez ainsi au péril imminent d'une maladie dangereuse et à la perte de votre patrimoine ? Réfléchissez sur la conduite de vos ancêtres, suivez leurs traces ; ou du moins, puisque vous avez formé la résolution d'employer le reste de vos jours à l'étude, que ce soit avec circonspection, et que votre santé n'en soit point altérée. La vie est assez longue pour que vous puissiez espérer d'acquérir de l'habileté, si vous gardez quelque ordre et quelque modération. Voyez donc et considérez mûrement dans quelle extrémité vous vous jetez ; si mes prières ne vous touchent point, quelques bonnes raisons que d'autres mettent en usage, elles n'auront aucun effet sur votre esprit, car personne ne peut avoir plus d'autorité ni de crédit auprès de vous et ne mérite mieux votre confiance. »

Budé avait déterminé son plan d'étude d'une manière si précise, que les affectueuses remontrances de son père furent impuissantes à l'émouvoir. Il resta convaincu qu'il valait mieux s'exposer à tous les dangers que de renoncer à la science.

Sur ces entrefaites, il se décida à se marier. Il épousa, en 1503, Roberte Le Lyeur, issue d'une ancienne famille de Normandie[1]. Loin de

---

[1] Elle était fille de Roger Le Lyeur, seigneur de

détourner son mari de ses doctes occupations, cette digne épouse du savant helléniste fut au contraire pour lui une aide intelligente : elle lui cherchait souvent les passages d'auteurs anciens et les livres nécessaires à la composition de ses ouvrages. Aussi son mariage n'interrompit-il en rien le cours de ses travaux. Le jour même de ses noces, il crut sans doute faire un grand sacrifice en se contentant de travailler trois heures. Ni l'amour sincère qu'il éprouvait pour sa femme, ni sa tendresse filiale, ni le soin de sa fortune ne prévalurent jamais sur sa passion pour l'étude. S'il se trouvait obligé de sacrifier de temps à autre une de ses journées, il se dédommageait en étudiant la nuit. Il entrait avec l'aurore dans son cabinet de travail. Il n'en sortait que pour le dîner, qu'il faisait précéder d'une courte promenade. Après ce repas, deux heures se passaient en conversations familières; puis il retournait à ses livres et ne les quittait que pour le

---

Boisbesnard et de Malesmains, et de Isabeau de Lailly. Elle mourut à Genève le 15 avril 1550. Les armes de la famille Le Lyeur étaient : d'or à la croix denchée d'argent et de gueules, intérieurement cantonnée de quatre têtes de léopard d'azur.

souper, qui avait lieu fort tard. Tel était le programme de sa vie quotidienne.

Son application au travail, sa puissance d'abstraction était vraiment remarquable. Un jour qu'il étudiait dans sa bibliothèque, un domestique vint, tout effrayé, lui annoncer que le feu était à la maison. « Allez avertir ma femme, » répondit notre savant, sans même détourner les yeux du livre qui l'absorbait tout entier, « vous savez bien que je ne m'occupe pas des affaires du ménage! » Viste, président du Conseil de Paris, qui était le voisin et l'ami de Budé, disait un jour de lui : « J'habite depuis dix ans en face de sa maison, et jamais je n'ai vu cet homme dans l'oisiveté, pas même les jours fériés... Jamais je ne l'ai vu regarder passer dans la rue, comme tant de gens ont coutume de le faire. » Le dimanche en effet, après avoir rempli ses devoirs religieux, il rentrait chez lui pour écrire, au lieu d'aller se distraire avec ses amis.

Mais, à un tel régime, la santé de Budé finit par s'altérer. Et non seulement il souffrait dans son corps, mais son esprit fut affecté de mélancolie; l'activité de son intelligence, son goût pour l'étude s'affaiblirent même un peu. Sa maladie consistait en une tumeur au cou, accompagnée de violentes douleurs. La nuit, il était quelquefois en proie à de telles angoisses, que le lendemain il était tout étonné de se trouver en vie. La pâleur le rendait encore plus effrayant dans sa maigreur. Ses cheveux tombaient chaque jour et la fièvre l'agitait sans cesse.

Cet état critique était encore aggravé par des douleurs de tête qui ne lui laissaient aucun relâche, et qui le tourmentaient impitoyablement chaque fois qu'il voulait lire ou commenter quelque auteur. Ces souffrances ne cessaient point la nuit. C'est ainsi qu'il écrit à Érasme qu'il n'a point d'heure fixe pour se coucher, parce qu'il ne s'endort que très tard. Il ajoute que depuis bien des années il n'a point passé de nuit tranquille. Dans ses ouvrages, il parle de ses maux souvent avec abattement. « Je ne vis, dit-il, qu'avec l'image de la mort toujours présente à ma pensée. » Sa femme tâchait en vain d'alléger les souffrances croissantes de son mari; les soins les plus assidus n'apportaient aucune amélioration à son triste état.

Les docteurs du temps, raisonnant sur ces symptômes, conclurent que la maladie était occasionnée par des vapeurs, des exhalaisons humides qui s'élevaient jusque dans la région du cerveau; ils trouvèrent comme moyen curatif qu'il fallait faire sortir ces fumées au travers des sutures du crâne; c'est alors qu'ils imaginèrent de lui brûler toute la peau de la partie supérieure de la tête, en y appliquant un fer rouge. Budé se soumit courageusement à cette cruelle opération, mais sans en éprouver aucun soulagement[1].

En dépit de tous ses maux, Budé travaillait toujours, et l'on peut constater, non sans admiration, que la plupart de ses ouvrages datent de l'époque où sa santé était le plus altérée.

---

[1] Tout en condamnant le raisonnement de ceux qui firent subir à Budé un semblable traitement, un habile médecin du XVIIIme siècle, Bréchet, reconnaît que la maladie du célèbre helléniste paraissait avoir quelque analogie avec certaines affections vaporeuses et nerveuses des femmes, ce qui expliquait l'emploi de la cautérisation. On sait, en effet, qu'autrefois, dans quelques maladies nerveuses, on appliquait volontiers un fer rouge sur la tête des patients au plus fort de leurs crises.

CHAPITRE II

BUDÉ A LA COUR

Budé jouit d'une grande considération à la Cour de France. Il y avait paru déjà sous le règne de Charles VIII : ce prince, ayant entendu dire qu'il était fort savant, le voulut voir et le fit venir auprès de lui ; mais il ne vécut pas assez longtemps pour lui donner des marques effectives de l'estime qu'il avait pour lui. Sous Louis XII, Gui de Rochefort, chancelier de France, prit Budé sous sa protection et le présenta à la Cour. Il fut nommé secrétaire du roi, après avoir été chargé d'une mission à Rome à l'avènement de Jules II ; il s'était acquitté de cette mission avec honneur, préludant ainsi à l'importante ambassade dont François Ier devait le charger plus tard auprès de Léon X. Louis XII voulut nommer Budé conseiller au Parlement de Paris, mais celui-ci refusa, estimant qu'une pareille charge le détournerait trop de ses études.

Sous François Ier, Budé dut pourtant se résigner à accepter des fonctions importantes.

Il était souvent obligé de suivre le roi hors de Paris. Il ne le faisait que pour obéir aux devoirs de sa charge de secrétaire, ou par condescendance pour le chancelier Poyet, qui ne pouvait se passer de lui en voyage. Comme il n'avait pas au monde de passion plus grande que l'étude, il n'éprouvait qu'une médiocre satisfaction dans ces excursions royales, tant chez lui l'ambition cédait le pas à l'amour des livres. L'anecdote suivante en fait foi. Un jour, fatigué et ennuyé de la Cour, il quitta Lyon où elle était, et s'enfuit pour retourner à ses études favorites. François Ier dépêcha aussitôt un courrier à sa poursuite; mais, loin de lui témoigner son mécontentement, il lui envoyait son brevet de maître des requêtes. Le crédit de Budé ayant rendu le chancelier du Prat fort jaloux, il quitta la Cour, où il ne reparut désormais que lorsque les devoirs inhérents à sa place de maître des requêtes exigeaient sa présence. Cette charge[1] était très importante.

---

[1] En France on donne aujourd'hui ce nom à ceux qui font l'office de rapporteurs au Conseil d'État.

Entre autres prérogatives, les maîtres des requêtes avaient la garde du sceau en l'absence du chancelier; ils avaient le droit de siéger à toutes les cours souveraines. Leurs fonctions spéciales étaient d'administrer le contentieux dans les affaires de l'État, et d'expédier les décisions royales en matière de gouvernement intérieur.

Budé fut aussi prévôt des marchands. On sait que, à l'origine, cette charge consistait à visiter et taxer les marchandises qui venaient par eau et se vendaient sur les ports. Le prévôt des marchands étendit bientôt sa juridiction sur tous les marchands. Il était en outre chargé d'ordonner les cérémonies publiques et de répartir l'impôt de la capitation ; il était assisté des échevins. On le nommait pour trois ans. Les prévôts des marchands jouent un rôle important dans l'histoire de Paris. C'était un emploi qui exigeait beaucoup d'honorabilité : prévôts et échevins étaient choisis avec soin. « On espluche avec tant de soin, dit un écrivain du XVIme siècle, la vie de ceux qui aspirent à ces belles dignités, qu'il est impossible que homme y puisse parvenir qui soit le moins du monde marqué de quelque note d'infamie, ressentant dénigrement de renommée, tant est sainte ceste autorité et honneur d'eschevinage que la seule opinion de vice peut lui donner empeschement. »

Budé s'occupa très activement de la création de la bibliothèque de Fontainebleau[1], dont il fut le premier directeur. En inspirant à François Ier l'idée de fonder ce remarquable établissement, Budé fut en quelque sorte le fondateur de ce merveilleux dépôt littéraire appelé aujourd'hui Bibliothèque Nationale, puisque cette dernière trouva sa principale source dans celle de Fontainebleau transférée à Paris.

Nommé, ainsi que nous venons de le voir, garde de la Bibliothèque royale de Fontainebleau, Budé s'acquitta de ses fonctions avec tant de zèle qu'il mérita ce distique, où Lascaris compare ses travaux à ceux que Varron avait faits pour Auguste :

---

[1] Cette bibliothèque fut transportée à Paris en 1595 par ordre de Henri IV. On voit par là que la bibliothèque de Fontainebleau actuelle n'a plus rien du dépôt célèbre des Valois; elle a pour fonds l'ancienne bibliothèque du Conseil d'Etat, que Napoléon Ier y a fait transférer en 1806, et qui a été enrichie par lui et ses successeurs.

Augusti ut Varro, Francisci bibliothecam
Auget Budæus Palladis auspiciis.

Brantôme dit, en parlant de cette même bibliothèque : « Budé, l'un des doctes personnages de la Chrétienté, en fut quelque temps le premier gardien, pour de jour en jour l'embellir de nouveaux volumes. »

Les manuscrits grecs donnés par Lascaris, d'autres écrits dans la même langue, au nombre de soixante, achetés par Jérôme Tondule, et ceux dont Jean de Pins fit l'acquisition pendant ses ambassades à Venise, furent les premiers livres qui entrèrent dans la bibliothèque de Fontainebleau. Au dépôt primitif vint plus tard se joindre la bibliothèque royale de Blois, la première qui eut existé en France et qui, fondée par Charles VIII, avait été tellement enrichie par Louis XII qu'elle était regardée alors comme une des choses les plus rares du royaume.

Nous avons maintenant à voir en Budé le diplomate. A peine monté sur le trône (1515), François Ier, reprenant les prétentions de ses prédécesseurs sur le Milanais, se prépara à porter la guerre en Italie. Mais il chercha d'abord à diviser ses ennemis et à s'assurer des alliances. Il profita pour cela du mariage de Julien de Médicis, frère de Léon X, avec Philiberte, sœur de la reine mère Louise de Savoie. Les noces furent célébrées avec tant de pompe qu'elles coûtèrent plus d'argent que la jeune princesse n'en apportait en dot. François Ier envoya auprès de Léon X Guillaume Budé, sous le prétexte de porter à Sa Sainteté l'expression de la sympathie de la France pour cette union; mais le vrai but de cette ambassade était la recherche d'une alliance avec le pape. Budé, qui avait déjà, sous le règne précédent, rempli une mission diplomatique en Italie, accepta ce nouveau mandat. A peine arrivé dans la ville éternelle, il vit s'ouvrir devant lui les portes de cette célèbre académie qui, depuis le siècle d'Auguste, n'avait jamais été aussi florissante. Le savant français y reçut un accueil extraordinaire. Très versé dans la connaissance des antiquités grecques et romaines, où le pape excellait lui même, Budé gagna bientôt la sympathie de Léon X. Au milieu de ses entretiens littéraires, Budé ne perdait pas de vue ses intérêts diplomatiques : tout en parlant de sciences, de beaux-arts, d'archéologie, il prenait son temps pour mettre sur le tapis un projet d'accommodement. Les conditions qu'il proposait étaient les suivantes : au cas où le saint-siège favoriserait la France pour recouvrer le duché de Milan, le roi consentait à ce que l'on formât pour Julien de Médicis une souveraineté au moyen des villes de Parme, Plaisance, Modène et Reggio, dont Julien serait investi en qualité de feudataire de l'Église. Cette proposition était tout à fait conforme aux désirs du pape, et elle eût certainement abouti, si elle n'avait eu le tort d'arriver trop tard. En effet, lorsque Budé la fit connaître, Léon X avait déjà conclu un traité secret avec Albert de Carpi et Jérôme de Vic, ambassadeurs de Charles-Quint : il s'engageait à fournir de l'argent et des troupes pour s'opposer à l'entrée des Français en Italie. Ainsi lié d'avance, il se contenta d'écouter les offres de Budé sans les accepter, et eut soin de faire naître des difficultés politiques. Pendant ces entretiens, Budé trouvait matière à montrer sa vaste science ; le pape, de son côté, qui ne demandait pas mieux que de temporiser, n'avait garde d'interrompre ses doctes récits. Tout à coup arrive un courrier qui annonce au pape qu'on le trompe lui-même, pendant qu'il cherche à tromper Budé. Octavien Frégose, doge de Gênes et ami de Léon X, passait au parti de la France et répondait favorablement aux avances secrètes de François Ier, qui concluait avec lui le traité de Gênes, par lequel il lui assurait de grands avantages en retour de cette alliance. Budé, qui ne savait rien du traité de Gênes, était fort embarrassé. D'un côté, le pape lui promettait en secret qu'il ne se mêlerait point de la querelle du duché de Milan; d'un autre côté, le même pape faisait passer en Piémont sa cavalerie, commandée par Prosper Colonne, pour garder le passage des Alpes; et Julien de Médicis menait le reste des troupes ecclésiastiques en Lombardie, avec ordre de camper si près des Espagnols autour de Vérone, qu'il les pût joindre au premier bruit de l'approche des Français.

Budé n'était pas sans talents pour les négociations : son esprit supérieur trouvait aisément des ressources, levait sans peine les difficultés; mais il portait dans la cour la plus déliée de l'Europe cette simplicité vertueuse que donnent le silence du cabinet et le commerce avec les auteurs de l'antiquité. Dès qu'il s'aperçut qu'il était joué par le pape, il en avertit le roi avec indignation, et le conjura en même temps de le retirer d'une cour où l'on ne se faisait aucun scrupule de mentir. « Tirez-moi, écrivait-il, d'une cour pleine de mensonges, ceci est un séjour trop étranger pour moi. » Le roi, à qui il importait que son ambassadeur fût abusé, pour empêcher le pape de découvrir ses propres intrigues, répondit à Budé qu'il avait tort de soupçonner Sa Sainteté de fourberie, et que Prosper Colonne n'allait en Lombardie que pour préserver du pillage des Suisses les États du duc de Savoie.

Mais le pape et le roi de France n'eurent plus longtemps à dissimuler. Les événements se précipitèrent, la guerre fut déclarée et François Ier rappela son ambassadeur.

De retour en France, Budé reprit ses occupations habituelles, ses chères études qui lui procuraient la plus vive satisfaction, et ses charges à la Cour qui lui étaient moins agréables. Il éprouvait, nous le savons, une aversion instinctive pour la vie inconstante des courtisans, cette vie brillante, mais dépourvue de joie véritable comme toute existence frivole. Il aimait naturellement la tranquillité et le repos. Quant au roi, il tenait toujours plus à posséder à la Cour un homme tel que Budé, qui pût tenir tête à tous les savants des autres nations qui le venaient visiter. Budé n'était pas ambitieux et se souciait peu des honneurs ; mais il aurait dû néanmoins reconnaître que sa science, auparavant connue des érudits seulement, se trouvait mise en relief dans cette cour illustre sur laquelle toute l'Europe avait les yeux fixés. Il n'avait d'ailleurs qu'à gagner au commerce constant qu'il pouvait entretenir avec les savants étrangers. Il était aussi fort bien reçu des autres courtisans qui, en général, lui témoignaient la plus grande bienveillance : les uns honoraient en lui son mérite personnel, les autres lui faisaient bon accueil en vue de plaire au roi qu'ils prenaient naturellement pour modèle.

Budé accompagnait le roi non seulement dans ses voyages de plaisir à Dijon, Amboise, Blois, Romorantin, et dans tant d'autres villes où l'emportait loin de sa famille et de ses livres l'humeur inconstante de son prince, mais encore dans des expéditions militaires. Nous le voyons en particulier suivre François Ier dans une campagne en Flandre. Budé s'en tirait à son honneur, bien que faible de santé, peu habitué aux fatigues de la vie des camps, et à vrai dire, beaucoup plus capable de manier la plume que l'épée.

Parmi les voyages que Budé fit avec le roi, il en est un qui ne manqua pas de lui laisser un profond souvenir. C'était en juin 1520. François I*er*, dont le but était de gagner le roi d'Angleterre et de déjouer les intrigues de Charles-Quint, avait donné rendez-vous à Henri VIII dans une vaste plaine située en Flandre, entre les châteaux d'Ardres et de Guines, dont le premier appartenait à la France et le second à l'Angleterre. Budé accompagna le roi dans cette célèbre entrevue du *Camp du Drap d'Or*.

Jamais souverains n'avaient encore déployé une plus grande magnificence. Il fallut bien des conférences pour régler le cérémonial de cette rencontre royale. Le roi d'Angleterre avait fait construire une maison de bois, de toile et de verre, d'une grandeur immense et d'une richesse éblouissante, devant laquelle coulaient deux fontaines de vin et d'hypocras. Le roi de France n'avait que des tentes, mais elles étaient toutes de *drap d'or*[1], surmontées de devises et de pom-

---

[1] De là le nom donné au lieu de cette entrevue.

mes d'or, si resplendissantes au soleil que l'œil pouvait à peine en supporter l'éclat. Qu'on se représente François Ier et Henri VIII, tous deux à cheval et richement vêtus, suivis du brillant cortège des seigneurs de France et d'Angleterre, se rendant aux tournois et aux fêtes qui suivirent les conférences politiques! Il y eut un tel déploiement de luxe que Du Bellay nous dit, en parlant des gentilshommes qui assistèrent à cette entrevue: « Je ne m'arrêterai à dire la grande dépense superflue de ces fêtes, car elle ne se peut exprimer: tellement que plusieurs portèrent leurs moulins, leurs forêts et leurs prés sur leurs épaules. » Dépenses inutiles, est-il besoin de le dire? car Charles-Quint, s'étant hâté d'aller voir Henri VIII à Douvres au moment où il s'embarquait pour la France, avait acheté Wolsey, et anéanti d'avance tous les avantages que François Ier attendait de cette conférence.

Budé sut mettre à profit les rapports quotidiens qu'il avait avec le roi, pour le décider à créer le premier établissement du Collège royal qui s'appelle aujourd'hui le Collège de France.

Il existait à Louvain, depuis 1515, une institution pédagogique où l'on enseignait le latin, le grec et l'hébreu. Son fondateur ne fut point un personnage important : c'était un marchand du nom de Busleiden, qui légua à sa ville natale plus de vingt mille livres, pour la création d'une école où l'on professât « les trois langues. » Ce don fut accepté par les autorités, qui exécutèrent les volontés du testateur. Le Collège de Busleiden fut construit, établi et dirigé d'abord par Érasme, qui cherchait à y attirer des professeurs de Grèce, en leur promettant des appointements assez élevés. D'autre part existait à Rome le Collège des jeunes Grecs, que Léon X avait fondé et qui commençait à éveiller l'attention des savants de l'Europe et de Budé en particulier. Celui-ci, à dater de cette époque, ne cessa d'entretenir le roi de l'opportunité de créer en France un établissement analogue à ceux de Louvain et de Rome. Dans une lettre à Germain de Brie, écrite en 1522, Budé annonce que Lascaris est à Venise et qu'il n'en partira pas avant de savoir si on lui trouvera en Grèce les personnes qu'il y fait chercher. Budé dit ailleurs qu'on attendait en France ces jeunes hellénistes avec une vive impatience. Il s'agit évidemment de professeurs destinés au collège projeté. Toutes les fois que Budé voyait le roi, il le suppliait de donner son assentiment et d'accorder les ressources nécessaires à une œuvre si utile; le roi disait oui, puis avec la mobilité qui lui était propre, il tournait bien vite ses pensées ailleurs et oubliait complètement les assurances qu'il avait données à son secrétaire. Ce dernier lui écrivit enfin la lettre suivante :

« Je ne me ferai point scrupule ici de vous faire ressouvenir de votre magnifique promesse [1], qui est si connue et approuvée de tous les savants. Oh! plût à Dieu que je la puisse voir exécutée, ô puissant roi, cette promesse dont je n'ai pas craint de me rendre caution auprès des jeunes gens; j'ai pris sur moi son accomplissement, par la grande espérance et la grande joie que j'en avais.

---

[1] Lettre grecque de Budé à François Ier, datée : « De Paris en l'an de la naissance du Fils de Dieu 1529. » Suscription : « A François roi de France, le plus célèbre des monarques chrétiens, Guillaume Budé son serviteur domestique souhaite prospérité pendant la vie et félicité après la mort. » Cette lettre sert de préface à l'ouvrage de Budé intitulé : *Commentaires de la langue grecque.*

Je pense qu'il n'y a rien qui ait moins besoin d'indulgence auprès de votre générosité, ni qui l'obtienne plus aisément, en vous prenant même pour juge, que de vous accuser d'avoir fait cette promesse. Souvenez-vous, dis-je, très équitable Seigneur, que vous l'avez faite librement et en termes exprès, ensuite que vous l'avez répétée de bonne grâce et avec plaisir sur notre demande, lorsque nous sollicitions en quelque façon une dot pour la philologie, comme pour une fille qui n'est pas encore mariée. Voici donc quelle a été cette promesse : c'est que vous établirez un lieu (et comme quelqu'un pourrait dire, un séminaire) où l'on prendra soin des hommes que l'on croit propres à devenir célèbres ; que cela se fera dans cette ville, qui est présentement la plus magnifique et la première de votre illustre monarchie, et qui deviendra par là l'étude de toute la Gaule celtique. Vous avez dit que l'on fonderait une demeure magnifique pour toutes sortes de sciences et pour l'étude des deux langues, et que l'on édifierait un grand bâtiment commun, dans lequel il sera permis à ceux qui étudient les belles-lettres de faire une partie de leurs études, et même à ceux qui le voudront d'en achever le cours; et qu'ils y trouveront toutes les choses nécessaires pour les leur rendre plus faciles; qu'il y aura dans cette maison commune une grande multitude d'élèves : ce sera comme un sanctuaire consacré à Minerve et aux Muses. Ceux qui ne savent pas souffrir de délai disent que vous avez oublié cette promesse, et ils s'en prennent à moi comme à un garant qui doit leur en rendre compte : ils demandent que je la fasse accomplir, disant qu'autrement je mentirai, et qu'on se moque bien de moi de m'être porté caution dans cette affaire avec trop de confiance. C'est pourquoi il m'est venu dans l'esprit de dédier à Votre Majesté ces Commentaires, pour vous faire souvenir de votre magnifique promesse, à moins que depuis peu vous n'ayez changé d'avis; il me semblait en même temps qu'en mettant mon livre sous votre patronage, je lui assurais pour ainsi dire la gloire et l'immortalité. Étant par eux-mêmes une chose peu digne de la postérité, mes ouvrages sont du moins fort embellis par un tel frontispice, qui leur sert comme de défense contre ceux qui voudraient en parler mal ou les détruire.

« Mais, comme je l'ai dit, on s'en prend à moi

comme garant de ce que vous devez, car c'est une véritable dette qu'une promesse faite librement. Vous devez donc penser que vous serez obligé de tenir votre parole, car devant tous les juges et même devant votre propre tribunal vous êtes contraint de me soutenir dans cette affaire ; si je suis condamné, il faut donc, ô le plus savant de tous les rois, que vous sortiez promptement de cette dette avec honneur... Il y va de votre grandeur d'âme, à laquelle se joint en notre faveur votre débonnaireté qui est si connue de moi et de tous... Ce sera donc à vous, roi très chrétien, de venir en aide à ceux qui aiment l'étude, afin que sous votre gouvernement il ne soit pas dit que ceux que vous mettez au rang des plus considérables, qui passent leur vie dans les sciences que vous aimez, perdent beaucoup par l'attachement qu'ils ont pour elles.

« Jouissez d'une parfaite santé, Seigneur très équitable, et que votre vie soit heureuse et prospère. »

Dès lors, Budé n'eut ni trêve ni repos qu'il n'eût décidé le roi à fonder la grande école qui porte aujourd'hui le nom de Collège de France.

Heureusement il n'était pas seul à rappeler au

prince les promesses qu'il était si prompt à oublier. Budé avait su gagner à sa cause des auxiliaires influents : Duchâtel, lecteur de François I*er*, Du Bellay, et enfin Marguerite, la reine de Navarre. « Passionnée pour les sciences, dit M. Gidel en parlant de cette princesse, douée d'une curiosité infinie, elle aime les langues, l'érudition même; elle va du latin au grec, du grec à l'hébreu. « S'il y avait au bout du monde, lui disait un de ses amis avec le ton d'un aimable reproche, un docteur qui, par un seul verbe abrégé, pût apprendre toute la grammaire, un autre la rhétorique, la philosophie et les sept arts libéraux, vous y courriez comme au feu[1]. » Aussi joignit-elle volontiers ses instances à celles de Budé pour décider le roi à cette création.

D'où vient qu'il fallait faire tant de démarches auprès du prince pour le décider à tenir ses engagements? Il y avait à cela plusieurs raisons. François I*er* avait entamé de longues négociations avec Érasme, qu'il voulait à tout prix attirer en France. N'ayant pas réussi, il en était devenu

---

[1] Ch. Gidel, *Histoire de la littérature française*, t. II, page 12.

plus froid sur la question du collège si cher à Budé. En vain celui-ci ne cessait de recommander au roi et l'avancement général des lettres et l'exécution particulière de son projet. Il se plaint amèrement à ses amis d'être raillé sur son zèle par les courtisans, et traversé par les théologiens : « Les premiers, dit-il, me donnent un ridicule « que je ne mérite pas, mais auquel je ne suis « point insensible ; les seconds répandent sur « l'étude du grec le soupçon redouté du luthé- « ranisme[1]. »

N'oublions pas, en effet, qu'à cette époque on était aisément soupçonné d'hérésie par le fait seul qu'on s'occupait de l'étude des langues anciennes. Il faut voir, dans la correspondance de Budé avec Rabelais, à quel point la Sorbonne poussait l'inimitié contre le grec, et quels obstacles les théologiens mettaient à l'étude de la langue d'Homère. Le jurisconsulte Conrad d'Heresbach déclare qu'il a entendu un moine dire en chaire : « On a trouvé nouvellement une langue qu'on

---

[1] Cette plainte se trouve à plusieurs reprises exprimée dans la correspondance de Budé avec Lascaris, Rabelais, Germain de Brie et Salomon Macrin.

appelle *grecque*. Il faut s'en garantir avec soin : cette langue enfante toutes les hérésies. Je vois dans les mains d'un grand nombre de personnes un livre écrit en cette langue; on le nomme Nouveau Testament : c'est un livre plein de ronces et de vipères. Quant à la langue hébraïque, tous ceux qui l'apprennent deviennent juifs aussitôt. »

Qu'on nous permette encore à ce propos une citation de Henri Estienne, où il est précisément question de notre savant :

« L'étude des langues grecque et latine, dit-il dans son Apologie pour Hérodote, est estimée dès longtemps hérétique et luthéranique. Témoin notre maître Beda (syndic de la Sorbonne) qui, en présence du roi, premier de ce nom, objecta à feu Guillaume Budé, conseillant au roi l'établissement des professeurs de ces langues, que l'hébreu et le grec seroient la cause de plusieurs hérésies; mais le dit Budé rembarra vaillamment le dit Beda, lui prouvant sur le champ qu'il étoit un bédier (un âne) auquel il n'appartenoit pas de juger de telles choses, où il ne connaissoit que le blanc et le noir. Ainsi fut cette très vertueuse entreprise du roi heureusement exécutée, au grand dépit et déshonneur de Béda et de ses compagnons, et au très grand contentement et très grand honneur tant du dit prince que du dit Budé. Et ne faut douter que si ces gentils *rabbis* qui s'y opposoient eussent osé confesser la vérité, ils eussent dit ce qu'un poète françois (Marot) leur sut bien reprocher quelque temps après, à savoir qu'il y avoit danger à ce que ce grec, cet hébreu, ce latin ne découvrissent le pot aux roses. »

La lettre de Budé que nous avons citée plus haut nous montre avec quelle insistance il revenait sans cesse sur son projet favori.

François Ier s'exécuta enfin en 1530, après la paix de Cambrai, qui l'arrachait momentanément aux préoccupations de la guerre. Mais les premiers commencements du Collège royal ne répondent guère au projet primitif, tel qu'il avait été conçu par Budé et accepté d'abord par le prince.

Ce plan était digne de François Ier, le plus magnifique des rois de France avant Louis XIV. Il devait faire construire sur le terrain de l'hôtel de Nesle, c'est-à-dire à l'endroit où fut bâti plus tard le collège Mazarin, un édifice qui pût contenir un très grand nombre de maîtres, non seulement pour les langues, mais encore pour toutes les sciences, et six cents jeunes écoliers, dont le cours d'études aurait été en tout de quatorze ans. Le roi devait assigner pour l'entretien de ce collège cinquante mille écus de rente, somme énorme pour le temps, et proportionnée à de si grandes charges.

François Ier ne renonça pas d'une façon absolue à ce beau projet, mais il en remit l'exécution à plus tard. En 1530, il se contenta de nommer des *professeurs royaux* pour l'enseignement du grec et de l'hébreu.

Le Collège royal resta longtemps sans édifice pour ses cours, et les professeurs durent faire leurs leçons dans divers collèges de l'Université de Paris.

« Les lecteurs du roi, écrivait Ramus à Catherine de Médicis, n'ont pas encore d'auditoire qui soit à eux; seulement ils se servent, par manière de prest, d'une salle ou plutôt d'une rue, les uns après les autres, encore sous telle condition que leurs leçons soient sujettes à être importunées et destourbies par le passage des crocheteurs et lavandières. »

Ce ne fut que sous Louis XIII que, sur l'emplacement des collèges de Tréguier et de Cambray, on commença à bâtir le monument qui existe encore aujourd'hui ; il n'a été terminé qu'en 1774, et il a reçu en 1840 des agrandissements considérables qui en ont fait sans contredit l'un des édifices les plus remarquables de Paris.

Parmi les premiers professeurs nommés par François Ier, il faut citer Pierre Danès, pour le grec, et François Vatable, pour l'hébreu. A ces deux chaires qui furent le noyau de la fondation, le roi ajouta successivement les chaires de mathématiques, philosophie, médecine, éloquence latine ; il porta le nombre des professeurs royaux jusqu'à douze, parmi lesquels on distingue Toussain, Martin Poblacion, Ramus, Oronce Finé. Le Collège royal avait donc pris déjà une assez grande importance sous le règne de François Ier. Après lui ses successeurs devaient développer encore cette belle institution. Henri II y ajouta une chaire de philosophie ; Charles IX, une de chirurgie ; Henri III, l'enseignement de l'arabe ; Henri IV, celui de la botanique et de l'anatomie ; Louis XIII, une chaire de droit ecclésiastique ; Louis XIV, une de droit français et de langue syriaque ; Louis XV, des chaires de langue turque et persane, de droit des gens, d'histoire naturelle et de mécanique.

Il serait trop long de rappeler les nombreux services que le Collège de France a rendus et rend encore de nos jours.

Quant à Budé, après trois siècles et demi, et en dépit des métamorphoses successives que cet établissement a dû subir, son souvenir y est toujours vivant, et sa grande figure semble encore dominer le collège de la rue Saint-Jacques. C'est pour perpétuer sa mémoire et rappeler à la jeunesse actuelle la part active qu'il prit dans la création de cette institution savante, et qui est sans contredit son plus beau titre de gloire, que le gouvernement français a fait placer tout récemment la statue de Guillaume Budé dans la cour du Collège de France[1].

---

[1] Budé est représenté debout, revêtu du costume de la magistrature avec l'hermine sur l'épaule. Cette statue en marbre blanc est une des œuvres les plus remarquables de M. Louis Bourgeois, le sculpteur aussi connu qu'apprécié dans le monde des arts.

En 1848, on avait déjà placé à l'Hôtel de ville la statue de Budé, pour rappeler sa charge de prévôt des marchands.

CHAPITRE III

COUP D'ŒIL SUR LA RENAISSANCE

PREMIERS ÉCRITS DE BUDÉ

Pour comprendre les éclatants services que rendit Budé en favorisant l'introduction de l'hellénisme dans sa patrie, il faut se reporter à l'état d'ignorance et de fausse science où l'on croupissait encore au commencement du seizième siècle. Denis Lambin, Monantheuil, Léger Duchesne, Pierre Galland, Ramus et plusieurs autres s'indignent dans leurs écrits contre le fatras dont on obscurcissait alors l'intelligence des jeunes étudiants.

On était encore sous le règne de la scolastique. Il faut lire l'*Histoire de l'Université de Paris*, par du Boulay, et le *Mémoire sur le Collège de France*, par l'abbé Goujet, pour comprendre où en étaient venus professeurs et élèves. Docteurs et écoliers étaient incapables de s'entendre, les premiers ne comprenaient pas même ce qu'ils enseignaient. Aux arguments captieux et subtils succédaient les injures, et les disputes philosophiques finissaient souvent par des coups. Naudé nous donne un curieux spécimen des questions ridicules qu'on y agitait le plus sérieusement du monde : « Quand on conduit un porc au marché, la bête est-elle conduite par la corde qui la retient, ou par la main qui tient la corde ?»

La scolastique enseignée au moyen âge n'était, comme on le sait, qu'un mélange confus de dialectique et de théologie. Déjà au XIVme et au XVme siècle, un commencement de réforme s'était opéré en elle: la philosophie se sépara de la théologie. Mais il appartenait au XVIme siècle d'achever ce grand mouvement. On peut bien dire que Budé consomma l'œuvre entreprise par Occam, Buridan, d'Ailly, et que la nouvelle école porta un coup fatal à la scolastique en lui opposant l'étude approfondie de l'antiquité.

On conçoit dès lors le jugement flatteur que Saint-Marc Girardin porte sur notre helléniste, lorsqu'il dit : « Budé est le chef de cette école, j'allais presque dire de ce parti de savants et d'érudits qui eut une si grande part dans la destinée du XVIme siècle ; l'histoire de ses études et de ses écrits montre, dès le commencement du XVIme siècle, quelle est la nature de cet esprit français qui écarte le fatras des commentaires, la subtilité des glossateurs, échappe à l'ignorance systématique sans tomber dans l'hérésie, et sait être sage avec mesure afin de l'être avec succès. »

Pour donner une idée de l'état où se trouvait alors l'étude de l'antiquité classique, empruntons quelques lignes à un ouvrage publié vers la fin de ce siècle.

« De telles orageuses ruines de l'antiquité ne faut que nous nous esmerveillons [1] ; car telle est la nature de toutes choses qui sont sous la lune... La langue grecque estant tellement perdue, qu'il ne se trouvoit aucun qui en eût su lire un seul verset, la latine fut retenue seulement pour une ombre, mais à vray dire estant tout autre chose que la langue latine : s'autorisant ces hommes faconds de répandre, de leur poitrine abondante

---

[1] *De l'état des Études et des Lettres à la Renaissance*, Lacroix, Dumaine et Duverdier (Bibliothèque française, 1587).

en doctrine, fleuves de très-élégans vocables tous nouveaux, beaux et exquis, selon qu'en leurs cerveaux bien reschauffés ils forgeoient tous les jours nouvelles inventions : de cette boutique sortirent : *heiccitates, quidditates, suppositatitates*, et infinis autres monstrueux vocables ne servans que de terreur. Quant à la grammaire, en lieu de Priscian, de Diomedes, de Sosipater Charisius, et autres bons autheurs, le *grand Doctrinal*, d'Alexandre de la Ville-Dieu, fut mis ès mains de la jeunesse, et aux novices fut baillé le *Catholicon* pour apprendre le latin de leur bréviaire. »

On peut juger par là de tout ce qu'il y avait à faire pour relever ou plutôt pour créer la science philologique. « Budé, dit encore Saint-Marc Girardin [1], a vu finir le seizième siècle ; il a vu les derniers moments de l'ignorance du moyen âge. C'est lui qui marche à la tête des philologues français du seizième siècle, c'est lui qui a ouvert la route ; — il est leur devancier, leur aïeul, et il pouvait dans ses dernières années raconter à tout cet essaim de savants et de commentateurs

---

[1] *Littérature au seizième siècle.*

nés de ses veilles laborieuses, le temps à peine croyable où il était le seul en France qui sût le grec. »

La langue française, elle aussi, avait bien des progrès à faire. Sans nier le mérite des prosateurs et des poètes qui parurent sous les rois précédents, on peut dire que ce fut seulement sous François Ier qu'elle sortit définitivement de l'état de barbarie. On peut attribuer en partie cette heureuse métamorphose à l'ordonnance du roi qui proscrivit l'usage du latin dans les actes publics, fait qui tendit à la fois à perfectionner le français et à le répandre dans toute l'Europe.

François Ier ne se contenta pas de développer la langue nationale, qu'il cultivait lui-même avec succès, mais il prit soin de recueillir les débris échappés aux désastres de la Grèce, et il se plaisait à attirer en France l'élite des savants étrangers. On peut bien dire que ce prince partage avec Léon X la gloire d'avoir fait fleurir les arts et les sciences en Europe.

Mais, il faut le remarquer, François Ier, au début de son règne, semblait plutôt indifférent au progrès des belles-lettres.

Dans divers endroits de sa correspondance, Budé se plaint amèrement de ce fait. En 1519, il écrit à Richard Pacæus que les Anglais sont bien heureux d'avoir un prince lettré et ami des bonnes études, et qu'en France on n'en a pas encore un de ce caractère.

En effet, si Charles VIII et Louis XII ne s'étaient pas montrés absolument indifférents aux lettres, ils auraient pu soutenir plus vigoureusement la révolution littéraire qui commençait sous leurs yeux. Tous les courtisans, à l'exception de Gui de Rochefort, détournèrent des bonnes études la sollicitude de ces deux princes. Quant à François I*er*, à l'époque où nous en sommes, tout occupé d'autres choses, il n'avait pas encore prêté l'oreille aux requêtes des savants.

La même année, Budé se plaint encore à Nicolas Bérauld de ce qu'on ne lui sait pas gré de ses innovations. « Le temps n'est point favorable aux études, » écrit-il à Jean Picart. A Léonicus il dit : « On ne songe pas même à récompenser les gens de lettres. »

Indigné de la froide indifférence avec laquelle on accueillait ses grands projets de réforme,

Budé s'écrie : « S'il est décidé par les suffrages des Français eux-mêmes que l'on doit proscrire les belles-lettres et l'éloquence, que du moins parmi ceux qui ont rendu cet arrêt on me montre des juges compétents, des juges qui puissent connaître des belles-lettres et de l'éloquence. Mais si je vois des aveugles juger des couleurs, et des sourds décider de la musique, puis-je ne pas m'indigner ? Les ignorants ! ils se figurent que l'éloquence n'est qu'une intempérance de langage, sans autre but que de jeter un vain bruit de mots à travers les airs, sans se soucier de la solidité des pensées. Ils ne savent pas que c'est au contraire l'art de traiter les grands sujets dans un style grand et majestueux, de dire les petites choses sur un ton simple et bien approprié, et, pour ce qui tient le milieu, de savoir rendre la forme agréable sans rabaisser la matière. »

Mais ce n'est là, de la part de Budé, qu'une boutade, un accès de mauvaise humeur. Bientôt d'ailleurs, le roi, moins préoccupé des luttes extérieures, allait devenir le protecteur éclairé des lettres et des arts. Nous voyons se réunir peu à peu autour de lui un groupe intéressant d'hommes remarquables, dont les idées influaient sur l'esprit du monarque et des gentilshommes. Ce qui caractérisait l'entourage du roi, c'était la diversité des génies qui l'approchaient : le prince accueillait bien le mérite, de quelque côté de l'horizon qu'il vînt ; il ne réservait pas ses faveurs et les manifestations de son exquise courtoisie aux savants français qui affluaient à sa cour.

Hubert Thomas, de Liège, qui voyageait en France en 1535, disait :

« Je ne me souviens pas de m'être assis à une table aussi savante que l'était celle de François Ier ; les lectures qui s'y faisaient, les matières qu'on y agitait, les conversations qu'on y tenait, étaient si instructives que le plus docte pouvait encore y apprendre quelque chose. Il y avait à profiter pour le militaire le plus intelligent comme pour l'homme de lettres. »

On voit que la cour était le centre de ce grand mouvement de la Renaissance, et que François Ier mérite bien ce beau titre de « Père des lettres » que la postérité lui a décerné.

« François Ier, dit Mennechet[1], a vu que les com-

---

[1] *Histoire de France*, tome II, p. 88 et 89.

bats ne donnent pas toujours la gloire, et que l'honneur même y court des dangers : il s'occupe de conquêtes plus durables et peut-être non moins glorieuses. Déjà les lettres et les arts ont trouvé en lui cette protection éclairée qui récompense et honore à la fois. L'ami d'Érasme, le docte Budé est son bibliothécaire ; le savant Duchâtel, au retour de ses voyages, devient son lecteur. Guillaume Pellicier lui rapporte de ses ambassades des manuscrits précieux, qui enrichissent encore aujourd'hui la Bibliothèque royale. Les trois frères Dubellay, si illustres dans la guerre, dans la diplomatie et dans les lettres, sont ses conseillers intimes, ses familiers, ses amis. C'est par eux qu'il appelle de l'étranger tout ce qui porte un nom célèbre ; et les soins touchants qu'il donne lui-même à Léonard de Vinci mourant, pénètrent de reconnaissance tous les artistes de l'Italie. Chassés de leur pays par la guerre et la tyrannie, ils viennent en France jouir en paix de l'hospitalité généreuse d'un prince qui les protège sans les humilier. Peintres, sculpteurs, architectes, graveurs, tous rencontrent à la Cour de France un homme qui les comprend et qui les aime, et cet homme est le roi. Fontainebleau, Madrid, Chambord, Écouen s'élèvent, et leur élégante architecture rappelle à la fois ce que l'antiquité a de plus noble et le moyen âge de plus pittoresque. Le Primatice, Germain Pilon, Jean Cousin et surtout le Phidias français, Jean Goujon, les ornent et les embellissent de leurs chefs-d'œuvre où le génie de l'ancienne Grèce semble renaître tout entier. Les lettres romaines, grecques et même hébraïques trouvent des interprètes qui les font connaître et admirer. Afin que leurs trésors ne restent pas enfouis dans les monastères ou les cabinets des érudits, François Ier veut les répandre à l'aide d'un enseignement public, qu'il confie à des hommes d'un savoir éprouvé, et il fonde le Collège de France. Amyot reproduit Plutarque et semble créer en traduisant; Rabelais se rit de son siècle par de piquantes fictions qui cachent à peine la vérité; Marguerite de Valois, que François Ier a faite reine de Navarre en la mariant au roi Henry II, écrit avec finesse et naïveté des contes que ne désavouerait pas Boccace, le meilleur conteur de l'Italie. Marot trace avec esprit des vers où l'harmonie se révèle pour la première fois, et dans cet art si difficile de concilier le rythme et la pensée, il n'a de rival que son roi. François Iᵉʳ est poète comme il est guerrier, par instinct. »

Impossible de mieux décrire ce grand siècle de la Renaissance. Ne voit-on pas comme à l'œil ce roi-gentilhomme si avide de jouissances littéraires et artistiques, visitant les ateliers des grands maîtres italiens, consultant Lascaris, écrivant à Érasme, s'égayant avec Marot, riant du cynisme de Rabelais, s'entourant d'un cercle brillant de jurisconsultes et de savants, et à ses côtés cette sœur aimable autant qu'érudite, la protectrice des arts et des lettres ?

Dans ce brillant mouvement, quel fut le rôle de Budé ?

Nous avons vu déjà quelle part importante il prit à la fondation du Collège de France, et avec quelle persévérance il avait poursuivi cet utile projet. Cela seul suffirait pour assurer à sa mémoire la reconnaissance du monde savant. Mais il rendit à la science des services plus directs par ses nombreux ouvrages, que nous allons examiner avec quelques détails.

Disons d'abord que Budé fut avant tout un philologue. Dans ce domaine spécialement il a rendu des services inappréciables.

En effet les grammairiens qui travaillaient alors en France étaient fort clair-semés, et leurs travaux furent de peu d'importance. Nous voulons parler de Clénard et Ramus, qui dans le champ de leur activité ne franchirent pas le seuil de la grammaire générale ou comparée. Avant eux Budé avait traité bon nombre de points grammaticaux. Clénard le reconnaissait comme son maître et renvoyait à lui ceux qui voulaient sérieusement étudier le grec.

« Ainsi, dit M. Rebitté [1], quand Budé au commencement du seizième siècle entra dans la carrière, la philologie attendait encore l'homme qui devait lui donner pour fondement une connaissance profonde du latin et du grec, et une érudition qui embrassât toutes les parties de la grammaire et de l'histoire ; telle fut aussi la tâche que Budé s'imposa. »

En effet, Budé fixa en France le foyer de la science nouvelle ; grâce à ses études exactes, approfondies et philosophiques, la philologie re-

---

[1] *Guillaume Budé restaurateur des études grecques en France, essai historique*, par D. Rebitté. Paris, Joubert, 1846, page 227.

vêtit une forme absolument nouvelle et eut une portée tout autre.

Comme philologue, Budé se distingue dans ses ouvrages par une vigueur et une nouveauté de pensées remarquables ; on sent en lui un esprit hardi qui marche en avant de son siècle. On conçoit très bien que Saint-Marc Girardin ait comparé le rôle de Budé et des savants ses contemporains à celui qu'ont joué plus tard les philosophes du dix-huitième siècle, qui ont créé une science nouvelle d'où devait sortir une société nouvelle.

Budé débuta dans la carrière des lettres par des traductions latines de quelques traités de Plutarque. Il publia, en 1502, *Des opinions des philosophes* [1] ; en 1503, *De la Fortune des Romains* [2] ; en 1505, *De la tranquillité de l'âme* [3]. « Ces traductions furent si estimées, dit Le Roy, qu'on aurait eu peine à croire que Budé en fût l'auteur, s'il n'eût donné dans la suite d'autres preuves plus considérables de son génie et de sa

---

[1] *De Placitis philosophorum.*
[2] *De fortunâ Romanorum.*
[3] *De tranquillitate animi.*

capacité. » Elles ont trouvé des juges plus sévères en Borremans et Nannius, qui prétendent que Budé s'est appliqué seulement à exprimer le sens général de son auteur, sans se mettre fort en peine de le suivre mot pour mot. Huet dit de même que, pour avoir affecté le grand style et avoir voulu faire paraître son érudition, il a passé pour un paraphraste plutôt que pour un véritable traducteur.

Nous pensons qu'ici comme ailleurs il faut chercher la vérité entre les extrêmes. Ni Le Roy dans ses éloges qui touchent au panégyrique, ni Nannius, Borremans et Huet dans leurs sévères critiques, ne sauraient donner une juste idée de ces traductions. Sans être marquées au coin de la perfection, elles montrent de réelles qualités, qui font entrevoir le grand helléniste que la science attendait encore.

Budé publia la traduction du traité de Plutarque « sur la tranquillité de l'âme » durant son séjour à Rome, où l'avait amené son ambassade auprès de Jules II. En lisant les éloges pompeux que Budé adresse au pontife romain dans sa préface, on peut bien penser qu'il n'aurait pas parlé sur ce ton, s'il avait pu prévoir l'outrage que ce pape belliqueux ferait subir un jour à la nation française : il fit, en effet, frapper une médaille sur laquelle il était représenté le fouet à la main, chassant les Français d'Italie et foulant aux pieds leur écusson.

C'est aussi vers cette époque que Budé publia sa traduction de la *Lettre de Basile-le-Grand à Grégoire de Naziance sur la vie solitaire*[1].

En 1508, Budé fait imprimer ses *Annotations sur les vingt-quatre premiers livres des Pandectes*[2].

La Renaissance devait amener aussi des changements importants dans l'étude du Droit. Dès la fin du quinzième siècle, les philologues italiens, Ange Politien en tête, avaient conseillé une réforme aux juristes. Le premier livre qui répondit vraiment aux vœux des hommes de loi, et qui ébranla sérieusement le Droit suranné du moyen âge, fut sans contredit le livre de Budé sur les Pandectes. Une science nouvelle sortait comme

---

[1] *Basilii magni epistola ad Gregorium Nazianzenum de vita in solitudine agenda.*

[2] *Annotationes in XXIV libros Pandectarum.* L'ouvrage était dédié au chancelier de Ganay.

par enchantement des méthodes vieillies et routinières : Budé en était l'initiateur.

On sait ce que sont les Pandectes. On nomme ainsi la première réunion en un corps de droit, faite par ordre de Justinien, des décisions diverses données jusqu'à lui par les jurisconsultes romains, et qui s'élevaient déjà à trois millions de sentences formant deux mille volumes, ce qui en rendait l'étude impraticable. Tribonien, qui avait été chargé de choisir dans ce nombre celles qui seraient jugées les plus importantes et pouvant s'adapter le mieux aux besoins et aux mœurs des Romains de son temps, s'adjoignit pour ce travail seize jurisconsultes. Leur compilation fut publiée en 533, et l'empereur lui donna force de loi par la lettre qu'il a mise en tête de ce recueil, et qui lui sert de préface. Les Pandectes, composés de cinquante livres, forment la première partie du droit romain. Ajoutons, en passant, qu'on les désigne souvent aussi sous le nom de Digeste : c'est d'ailleurs leur nom latin (Digesta), dont Pandectes est la traduction en grec.

Budé a rendu de grands services au Droit en approfondissant les Pandectes. Il reconnut que ce recueil était mutilé et fautif en plusieurs endroits. Frappé des altérations subies par ce monument de l'ancienne jurisprudence, il eut l'idée de le rétablir par des observations qui pussent y donner de la netteté et préciser le sens exact des mots. C'est Budé qui, le premier de son siècle, revint à une étude vraiment scientifique du Droit, et en releva les fondements, que les affreuses ruines de la barbarie tenaient ensevelis. Il avait entrepris une sorte de dictionnaire raisonné des termes consacrés au barreau. Ce n'est, à vrai dire, qu'une ébauche et des notes sur lesquelles il aurait sans doute passé la lime avec le temps.

Dans ses *Annotations sur les Pandectes*, Budé discute plus de sept cents articles. Un pareil livre, on le comprend, se refuse à toute analyse, puisqu'il se compose d'autant de dissertations distinctes qu'il y a de questions. Mais il y a certaines idées générales qui reviennent à diverses reprises, et ce sont celles-là que nous voulons examiner.

Dans tout le cours de son ouvrage, il insiste sur les réformes qu'il faut apporter à l'étude du droit ; et ces réformes, il faut, selon lui, les appliquer à tout, aux maîtres, aux élèves, aux praticiens, à la littérature juridique tout entière. Aux lois anciennes, dit-il, on en a mêlé d'autres, qui sont tout à fait imaginaires. C'est la fatuité de certains jurisconsultes qui a causé ce désordre. Une manie funeste les pousse à écrire : dès que quelqu'un d'eux est parvenu à se faire nommer professeur de droit, il est autorisé, par la connivence du public, à donner de nouveaux commentaires sur les Pandectes ; mais au lieu de se borner à interpréter les dispositions réelles des lois anciennes, il en imagine de fausses. Ces étranges façons d'agir ont corrompu non seulement le droit civil, mais aussi le droit canonique, parce que ces interprétations arbitraires sont reçues et citées comme ayant force de loi. Il faut absolument proscrire tous ces commentaires innombrables et n'admettre qu'un petit nombre d'auteurs en qui l'on puisse avoir une pleine confiance. Qu'on cesse de citer à tout propos Barthole, Baldus, Alexandre, le Palermitain, et que l'on fasse justice de cette fausse science, en fixant judicieusement les ouvrages qui doivent prendre place dans la bibliothèque du jurisconsulte.

Quant aux étudiants en droit, ils sont poussés par leurs parents vers la jurisprudence avant d'avoir acquis des connaissances littéraires suffisantes, ce qui est selon Budé un grand tort. Il faut qu'on sente l'écrivain chez le jurisconsulte, et que les qualités de la forme s'allient à la sévère et profonde science du droit. Sans doute on ne peut exiger que tout jurisconsulte soit un orateur éloquent. Que les Scévoles ne soient pas des Cicérons, la nature même du droit le permet et l'excuse ; mais il ne faut pas que la langue juridique soit barbare, que les hommes de loi s'expriment en un hideux jargon que les premiers maîtres de la science ne comprendraient pas s'ils revenaient au monde : c'est là une indignité qu'on ne peut excuser.

Puis Budé, qui est avant tout philologue, s'applique à démontrer ce que peut un jurisconsulte pour l'explication et la constitution du texte des lois, quand il s'appuie sur une connaissance vaste et intime de la littérature antique. Il ne faut pas oublier, en effet, que si le latin était resté la langue scientifique, il était devenu singulièrement barbare. Les hommes de loi de cette époque disaient aussi volontiers *guerra* que *bel-*

lum, treuga que *induciæ*, *bannum* que *proscriptio*. Ne fût-ce que pour mieux comprendre les jurisconsultes anciens, il était nécessaire de revenir à de sérieuses études philologiques, et l'on doit savoir gré à Budé des efforts qu'il fit dans ce sens.

En résumé, les Annotations sur les Pandectes sont un trésor d'érudition. L'auteur, nous l'avons déjà dit, n'y a pas discuté moins de sept cents articles; mais comme dans le cours de chaque article il traite souvent bien des questions secondaires, on peut dire sans exagération que Budé y a résolu plus de cinq mille questions de droit. Ce qu'on peut reprocher à ce beau travail, c'est l'absence de plan : les mots et les questions y sont expliqués les uns après les autres, comme ils venaient à la pensée de l'auteur. Budé reconnaissait lui-même les défauts de son travail. N'oublions pas d'ailleurs que ce fut un des premiers ouvrages de notre savant. On y sent une certaine inexpérience, bien que l'auteur eût alors près de quarante ans. La plupart de ces imperfections devaient disparaître dans les éditions postérieures. Il améliora son ouvrage surtout d'après les conseils du savant Alciat, professeur de droit à Avignon, qu'il avait rencontré à Aix dans un de ses voyages.

Plus tard, Budé voulut compléter ce beau travail en rédigeant, dans ses *Forensia*, une explication des termes de la procédure ancienne ; l'index des Forensia annonce plus de trois mille articles, bien que ce travail ne soit pas terminé.

Dans ces divers ouvrages de droit, « l'érudit, dit M. Rebitté, trouvera à admirer une prodigieuse connaissance de l'antiquité. Quant au philologue, en voyant le grand nombre de mots difficiles dont Budé a fixé le sens par une critique très savante et très scrupuleuse, il jugera que le père de la philologie en France avait fait, dès 1508, pour la langue latine, quelque chose de semblable à ce qu'il fit en 1529 pour le grec. Ainsi, pour l'une et pour l'autre langue, c'est lui qui a jeté les premières bases du lexique parmi nous. »

CHAPITRE IV

LE DE ASSE

Six ans après ses Annotations sur les Pandectes, Budé publia un ouvrage qui devait avoir un succès plus considérable encore, et qui reste l'un de ses plus beaux titres de gloire aux yeux des érudits. Nous voulons parler de son traité sur les monnaies (*De l'as et de ses divisions*)[1].

Le temps avait presque effacé de la mémoire des hommes le nombre, la valeur, les noms mêmes grecs et latins des livres, des sesterces, des talents et de toutes les autres espèces de monnaies, aussi bien que des poids et des mesures. Hermolaüs, Politien et plusieurs savants avaient tenté d'étudier ces matières, mais ils se heurtèrent à des difficultés qui les firent reculer. Budé

[1] *De Asse et partibus ejus*, Gulielmi Budæi Parisiensis, consiliarii regii. 1514.

fut plus heureux, et tandis que d'autres érudits creusaient le champ de l'antiquité et en retiraient des débris auxquels ils ne savaient donner un nom, lui, rappelait à la vie les précieux vestiges de la Grèce et de Rome.

Si Budé avait eu quelques prédécesseurs dans ce genre de travaux, aucun ne pouvait lui être réellement utile, et en tous cas il ne méritait pas l'accusation de plagiat que lui lancèrent quelques envieux. A l'occasion de son *de Asse*, ses amis lui ont souvent entendu dire que l'intention seule de rendre service à la république des lettres lui avait mis la plume à la main; qu'il n'avait rien négligé pour répandre la lumière sur un point de littérature que recouvraient d'épaisses ténèbres ; mais que si, dans un semblable travail, un autre réussissait plus heureusement, il serait le premier à en convenir; que d'ailleurs la postérité serait meilleur juge de son œuvre et saurait apprécier plus sainement son mérite, parce que sa décision ne serait dictée par aucune inclination aveugle ni par aucun parti pris, et que la haine ni la jalousie ne feraient plus entendre leur voix. Quant à lui, il ne se serait pas permis d'attenter à la réputation d'autrui, pas même à celle des méchants esprits qui voulaient ternir la sienne ; aussi les personnes qui connaissaient intimement Budé pouvaient-elles affirmer que, dans sa carrière de savant, la qualité d'honnête homme le flattait plus que la gloire.

Budé n'employa que quinze mois à la composition de son *de Asse*, mais l'ouvrage lui avait coûté neuf ans de recherches ardues. Ce n'était pas trop pour amasser une si grande quantité de matériaux et faire ces prodigieux calculs, qui permirent à l'auteur d'établir des notions exactes sur les monnaies et les mesures anciennes. Quel travail, en effet, que celui où Budé, tout en creusant son sujet et en étudiant à fond la numismatique des anciens, rattache à la théorie, comme pour en ôter l'aridité, une foule de récits historiques et d'anecdotes biographiques!

Laissons-le parler lui-même sur son ouvrage :

« Je parachevay, dit-il, et mis en évidence le livre des poids et mesures, nombres, monnoyes et toute la manière de compter des anciens, tant grecs que latins, auquel j'ai monstré et estimé les richesses des grands royaumes, principautés, dominations et empires dont les histoires font mention, et le tout réduit à la monnoye de présent. Et en ce faisant, ay éclairci et interpreté grand nombre de lieux et passages sans rien omettre à mon pouvoir et savoir, tant ès histoires que ès autres auteurs grecs et latins, lesquels au paravant estoient mal entendus, combien que plusieurs gens savants s'en feussent mis en effect ; et pense qu'il me sera permis d'en dire ce petit mot, sans aucune arrogance, puisque aucuns plus savants que moy, estrangers et autres, le confessent, ainsy que aucuns de leurs livres le témoignent, qui par eux ont été depuis publiés par impression. Et en cela seulement je me voudrois maintenir avoir mieux fait ou par avanture mieux monstré en cet endroit que les autres.

« Car j'ai été tout seul opinant de cette matière, contre tous ceux qui paravant moy ont escrit et même depuis cent ans, ou au moins tout autrement qu'ils n'ont fait. Qui a été la cause et le moyen du grand labeur et du temps de quinze mois que j'ai occupé à entendre et escrire cette matière et la mener jusqu'à résolution finale et conclusion du livre. Nul ne s'est encore depuis apparu qui en ce m'ait ouvertement contredit. Mais il y en a comme il est dict qui l'ont expressement approuvé. Combien de choses au reste concernant les bonnes lettres où je me repute moindre que les autres, ainsi que la raison le veut et ma connaissance le juge, et mesmement que ceux mesmes contre lesquels j'ay été d'opinion contraire en cette matière. Car je confesse avoir beaucoup appris d'eux en autres choses, comme de gens de souveraine sagesse et industrie, dont la plupart sont allés de vie à trépas. Mais un homme moyen en intelligence et de sçavoir moindre que médiocre, comme je suis, peut bien surmonter un grand et excellent homme en une intention en laquelle il s'est fort adonné. »

Dans cet ouvrage, auquel Erasme reproche une latinité obscure, Budé déploie une érudition très étendue, aussi bien sur le sujet même que dans ses nombreuses digressions; et il est de fait que la plupart des hommes éminents de l'époque en firent les plus grands éloges.

En traitant des monnaies, Budé s'attaquait à une littérature vieillie, dont personne n'avait encore osé faire le procès. Qu'on juge des difficultés que dut rencontrer l'ingénieux savant dans un travail dont la base même faisait défaut! Il ne trouva de ressources que dans ses profondes méditations, dans la sagacité de son esprit et sa merveilleuse pénétration; il marchait pas à pas, appuyant son travail du jour sur le fruit des investigations de la veille. Il réussit; il vint à bout d'expliquer, de déterminer les poids et les mesures dont les anciens se servaient, la valeur des monnaies grecques et romaines, la manière de compter dans les âges les plus reculés. C'étaient autant de points obscurs, cachés dans les détours sans nombre d'un véritable labyrinthe, et inconnus non seulement aux auteurs contemporains de Budé, mais de bien des siècles en arrière. Quel service signalé ne rendait pas notre savant, en évaluant exactement les trésors et les richesses des anciens peuples? Dans son livre, Budé parle des trésors de Lucullus et de la manière dispendieuse dont il vivait. Il énumère les impôts que Sylla et Antoine tiraient de l'Asie. Il compare la main-d'œuvre d'un vigneron du temps d'Auguste avec celle de son temps, et prouve qu'elle n'a guère varié. Au XXme chapitre de saint Matthieu, dit Budé, on voit que la journée d'un vigneron était d'un denier, soit quatre sesterces, c'est-à-dire trois sous et six ; or c'était encore sous François Ier le salaire d'une journée de vigneron. Il donne le prix de tout, qu'il s'agisse du temple de Salomon ou du souper que Lucullus donna à Pompée et Cicéron. Rien ne lui est inconnu, ni les revenus de l'Égypte au temps de Ptolémée, ni la richesse de la Judée au temps de Salomon, ni les trésors de Darius tombés aux mains d'Alexandre. Il sait combien fut acheté Bucéphale, quelle fut la dot de la fille de Scipion, ce que valaient les bijoux de Lollia Paulina ou la fameuse perle de Cléopâtre. Il évalue tout aussi bien les dépenses immodérées de César pour son triomphe, que la solde d'une légion romaine au temps d'Auguste. Non seulement il sait à quelle somme la tête de Cicéron fut évaluée, mais il nous rapporte, par exemple, qu'Annibal ouvrit en Espagne des mines dont les traces subsistent encore; il discute combien d'années se sont écoulées depuis Moïse jusqu'à la guerre de Troie; il explique l'Apocalypse. Il rétablit en passant la véritable signification d'un passage de Suétone; il nous apprend que le vin de Paris a l'heureuse propriété de ne point porter à la tête; il trouve moyen de donner un souvenir à Castor et Pollux! On est confondu de cette variété de faits et de détails, par lesquels il explique la valeur des mesures et monnaies françaises de son temps par rapport à celles des époques anciennes. Budé ne s'enferme pas strictement, comme nous voyons, dans son sujet. Il répand à pleines mains une science qui s'étend à toutes les branches de l'archéologie; il touche à tout, selon l'occasion.

Dans cet ouvrage magistral, on peut bien dire que Budé mit toute l'érudition qu'il avait acquise pendant vingt ans, et c'est pour cela que le « *de Asse* » fut le fondement de sa réputation à l'étranger. Il faut bien dire, comme on l'a fort judicieusement observé, que l'immense succès qu'il obtint s'explique en partie par le goût universel que la renaissance des lettres avait fait naître en Europe pour l'érudition. Toutefois c'est bien au mérite réel du livre qu'est dû le retentissement qu'il eut dans le monde savant. A cette occasion, Budé entra en rapports avec tous les hommes éminents de l'étranger. Citons Morus, chancelier d'Henry VIII, en Angleterre, Pacœus ex-secrétaire du même prince, Erasme, alors professeur de grec à Oxford et à Cambridge, Vivès l'Espagnol, précepteur à la cour d'Angleterre, Bembo, et Sadolet, secrétaire des Brefs à

Rome. La réputation de Budé était faite, les savants s'empressaient autour de lui pour lui rendre hommage, la Cour lui prodiguait ses faveurs; mais lui, modeste entre tous, prenait ces témoignages flatteurs pour des honneurs rendus aux belles-lettres plutôt qu'à lui-même.

M. Saint-Marc Girardin, parlant des savants de cette époque, les juge admirablement, et il consacre au *de Asse* une page si charmante que nous ne résistons pas au désir de la citer. « Vous les croyez, dit-il, ensevelis dans la littérature antique (ces savants du XVIme siècle), n'osant se permettre ni un regard ni une parole sur les choses de leur temps. Détrompez-vous : dans leurs ouvrages ils touchent par forme de digression à tous les intérêts de leur siècle et de leur pays. A voir les titres de leurs livres, ce sont les hommes des jours passés ; à voir leurs digressions, ce sont les hommes de la circonstance.

« Un des ouvrages les plus curieux sous ce rapport est le traité de Budé « *de Asse.* » A chaque instant l'auteur fait des digressions politiques, morales, judiciaires, administratives. Dans son « *de Asse,* » Budé parle des revenus de la France qu'il compare aux revenus de la Perse antique; de ses impôts qui sont trop forts; de son amour de la liberté, qui s'accorde d'une façon singulière avec son obéissance et son respect pour ses rois. Ce gros livre latin, qui s'annonce comme devant traiter de la monnaie romaine, est un journal où Budé jette en quelque sorte, jour par jour, ses idées et ses sentiments sur les événements et les mœurs de son siècle. » C'est un ouvrage plein d'érudition et de pénétrante sagacité. Pendant qu'on l'imprimait, l'Anglais Linacre, se trouvant à Paris, vint à parler dans la société de quelques savants de certaines difficultés qu'il semblait impossible d'éclaircir et de résoudre. A son grand étonnement, Budé promit de le faire dans son « *de Asse,* » et l'on sait s'il tint parole.

Comme nous l'avons vu, le « *de Asse* » fit époque. C'était une véritable révolution des notions jusqu'alors reçues sur la manière de compter chez les anciens. Un ouvrage d'une aussi grande valeur ne put paraître sans exciter la jalousie et le blâme. De tout temps il y a eu de pauvres auteurs qui, voyant avec désespoir le succès des autres, se sont imaginé qu'ils ajoutaient à leur petite réputation ce qu'ils enlevaient aux bons écrivains par le mensonge et la calomnie. Mais ces gens médiocres se font un grand tort à eux-mêmes : ne pas apprécier les œuvres d'un mérite supérieur, c'est donner une triste opinion de son goût littéraire.

Les malicieux propos n'empêchèrent pas la propagation du *de Asse*, qui se répandit bientôt dans tous les pays. Il y avait à cette époque, en Italie, un homme appelé Leonardo Portio, qui eut l'audace de se l'approprier. Quand cette nouvelle parvint aux oreilles de Budé, il entra dans une terrible colère, et déclara publiquement qu'il n'avait jamais emprunté aucune idée à Portio, tandis que ce dernier était un infâme plagiaire. Mais, pour ne pas laisser se prolonger le débat, Lascaris, ami commun des deux adversaires, fit une intervention pacifique dans cette querelle. Budé, qui voyait l'un de ses plus beaux titres de gloire compromis par ce vol manifeste, ne se laissa pas ramener sans peine à des sentiments de réconciliation.

Bientôt après, Budé se vit attaqué par un Allemand, George Agricola. Jaloux des succès du savant français, il prétendit effrontément que ses propres travaux avaient été grandement utilisés par Budé. Mais celui-ci, qui avait amèrement regretté de s'être laissé emporter par la colère dans sa dispute avec Portio, sut cette fois se retenir à temps. Il répondit en homme d'esprit qu'il ne tenait nullement à la réputation et que, dès que quelqu'un l'aurait surpassé, il se ferait un plaisir de lui céder la gloire et les honneurs.

Budé eut encore des démêlés avec Egnatius, le commentateur de Suétone. Ce critique, dans un passage de ses annotations, se conforma aux calculs de ce Portio dont nous venons de parler tout à l'heure. Celui-ci n'était pas seulement un plagiaire de Budé, mais un copiste inintelligent, qui avait maladroitement interprété le sens du texte qu'il avait voulu s'approprier. De là des erreurs commises par Egnatius, et qu'Erasme ne manqua pas de lui reprocher, en relevant les divergences qui existaient entre lui et Budé. Egnatius se montra très irrité de cette critique, dont il redoutait les suites, et chercha à se justifier. Il recourut à l'intervention d'amis communs, pour faire comprendre à Budé qu'il était tout à fait innocent dans cette affaire, où il jouait le rôle de dupe. Il protesta de son attachement et de sa vénération pour Budé et écrivit à Erasme pour lui exprimer tout le chagrin que lui avait causé ce malencontreux incident.

Dans son livre, Budé, en bon patriote, avait dû déjà prendre la défense de son pays contre certains Italiens qui l'accusaient de barbarie et semblaient rendre la noblesse française responsable de cet état de choses. En cela Budé marchait sur les traces de Nicolas de Clémangis, qui avait entrepris la défense de la France, déjà du temps de Charles VII, contre le cardinal Galeotus de Petra Mala qui ne pensait pas « qu'en dehors de l'Italie on pût trouver des orateurs et des poètes. » Cette infatuation du mérite national chez les Italiens rappelle celle des Allemands qui, lorsque les lettres étaient si florissantes partout ailleurs, prétendaient orgueilleusement par la bouche du poète Bignotius que Budé et Bembo devaient toute leur science à l'Allemagne [1].

Il est bien naturel que dans un pareil travail, où Budé n'avait pour ainsi dire pas eu de prédécesseurs, on ait pu signaler quelques défauts.

---

[1] « Pauca scias, Budæe, parum sis, Bembe, disertus,
« Ni vos ediderit felix Germania. »

Bignotius, *In somnio*.

C'est ainsi que Garnier accuse le savant numismate d'avoir induit en erreur presque tous ses commentateurs en substituant le mot *nummos* au mot *millia* lorsqu'il cite Pline. En effet il est peu vraisemblable que les copistes aient écrit *millia* au lieu de *nummos*; il est également contraire à toute probabilité que Pline, ayant commencé par évaluer en sesterces le produit d'une mine d'or, ait abandonné, dans la suite de sa phrase, cet élément de son calcul pour en prendre un autre.

Ménage, dans ses *Origines de la langue française*, reproche à Budé de dire que le nom de la monnaie d'or ancienne *Besant* vient de *pondo* (pesant), tandis que, selon lui, l'origine de ce mot vient de *Byzance*, où l'on frappa cette monnaie pour la première fois. Ajoutons que, si Ménage se montre sévère à l'égard de Budé, il ne se montre guère plus tendre envers les autres étymologistes français, de Baïf, Henri Estienne, Nicod, Perrionius, Sylvius, Picard, Tripault, Guischard et Pasquier, non plus qu'envers le Flamand Gorophius Becanus, l'Espagnol Coarius et l'Italien Monosini.

On adressa encore à Budé d'autres reproches:

en particulier celui de n'avoir pas mis une précision absolue dans certaines de ses évaluations, d'avoir confondu le denier romain et la drachme attique, la livre des Romains et la mine grecque.

On lui a aussi reproché le jugement que, dans une de ses digressions, il porte sur Tacite, auquel il fait un crime d'avoir été l'un des fonctionnaires de Domitien, tandis que lui, Budé, semblait oublier qu'il avait été le protégé d'un prévaricateur, le chancelier Poyet!

A propos des jugements sévères que l'historien latin porte contre les Césars de Rome, Budé va jusqu'à le qualifier de « très scélérat auteur[1]. » Sans doute on peut s'étonner que Budé, qui se montra en maintes occasions l'ennemi déclaré du despotisme, n'ait pas mieux compris l'indignation de Tacite racontant la vie de princes aussi méprisables.

Quoi qu'il en soit, et malgré ses défauts, peu nombreux d'ailleurs, le *de Asse* obtint un succès qu'attestent suffisamment les nombreuses réimpressions qui en furent faites.

François Ier avait demandé à Budé de faire un

---

[1] *De Asse*, Livre IV, p. 501, édition de Gryphe, 1551.

abrégé de son « *de Asse* » en français. Celui-ci y consentit volontiers et voici le titre de son livre : *Summaire ou Epitome du livre de Asse, fait par le commandement du roi par maître Guillaume Budé, conseiller du dict seigneur et maître des requestes ordinaires de son hostel, et par lui présenté au dict seigneur* [1]. Le privilège est du sept janvier 1522. Le garde de la prévôté du roi y dit : « Considéré et veu de nous le dict livre. »

Ainsi, remarquons-le en passant, bien que cet abrégé eût été fait par ordre de François Ier et que l'auteur eût été admis à le lui présenter lui-même, comme l'indique le titre du livre, le prévôt de Paris se crut obligé de l'examiner avant de pouvoir accorder le privilège résumé en ces mots :

« Veu de nous le dict livre. »

Ce fait est digne d'être relevé, car il prouve que déjà la censure existait en France à cette époque.

---

[1] Ce *Summaire* fut imprimé à Paris par Maître Pierre Vidonne, pour Galliot Dupré, libraire juré, « ce xx jour de février 1522. » Le titre porte la marque de l'éditeur et le sceau de l'imprimeur P. V., avec cette devise : *Audentes juvo*.

Il existe une autre édition de l'Abrégé français du « *de Asse.* » Elle est intitulée : *Extraict ou Abbrégé du livre de Asse de feu Monsieur Budé, auquel les monnoyes, poix et mesures anciennes sont reduictes à celles de maintenant. Reveu de nouveau, corrigé et additionné.* Avec privilège. A Paris. Pour Vincent Sertenas libraire, tenant sa boutique au Palais en la Gallerie par où l'on va à la Chancellerie, et au Mont Sainct Hilaire en l'hostel d'Albret (1550)[1]. Le privilège avait été accordé au sieur Sertenas l'année précédente, comme le prouve la pièce suivante.

« Sur la requeste présentée à la Court par Vincent Sertenas marchant libraire, demourant à Paris, par laquelle il requeroit lui estre permis par ladicte Cour faire imprimer et exposer en vente le livre de Asse, composé en langue françoise par feu Maistre Guillaume Budé, en son vivant Maistre des Requestes ordinaires de l'hostel du Roy, nouvellement reveu, corrigé et aug-

---

[1] Cet *Extraict*, petit volume in-16 de 109 ff. numérotés, plus 10 de Table, porte à la fin l'indication suivante : *Imprimé par Pasquier le Tellier, pour Vincent Sertenas, au mois d'octobre, l'an mil cinq cens cinquante.*

menté, avec les défenses en tel cas requises. La Court a permis et permet au dict Sertenas imprimer ou faire imprimer et exposer en vente le dict livre de Asse ainsy veu, corrigé et augmenté; et defend à tous autres libraires et imprimeurs iceluy livre imprimer ou faire imprimer et exposer en vente sans l'adveu et consentement du dict Sertenas, jusques à trois ans prochains venans, sur peine de confiscation des livres et d'amende arbitraire.

Faict en Parlement le 21ᵉ jour d'Aoust, l'an mil cinq cens quarante neuf. »

Signé : du Tillet.

Quant au traité complet du *de Asse*, nous avons vu que la première édition est de 1514. Parmi celles qui suivirent, l'édition aldine de 1522 est la plus rare et la plus recherchée. Elle fut faite par les soins du célèbre bibliophile Grolier, à qui le livre est dédié. Dans une lettre publiée pour la première fois par M. Le Roux de Lincy, Grolier recommande à André d'Asola, beau-père d'Alde, d'apporter les plus grands soins à l'impression du *de Asse,* qu'il lui envoie revu et corrigé par l'auteur, « son intime ami. » Un bel exemplaire sur velin de cette édition, ayant appartenu à Grolier lui-même, était, tout dernièrement encore, en la possession de lord Spencer[1].

Le *de Asse* fut traduit en italien par Gualandi, et cette traduction fut publiée à Florence en 1562. La Bibliothèque publique de Bâle en possède un manuscrit dont on nous permettra de donner la description. C'est un *codex chartaceus* in-8° (côté O IV 33).

Sur le frontispice on lit ce qui suit : « Guillelmo Budeo del asse, sivè moneta d'una libra et sui parti, tradotto in toscano al molto Ill. et Ecc. S. H. S. Don Giovanni di Luna, Ambasciadore

---

[1] L'édition aldine avait été précédée de deux autres, faites à Paris, *in Calcographia ascensiana*, in-folio, 1514 et 1516.

Parmi les autres éditions, citons celle de Paris, rue Neuve Notre-Dame, à l'enseigne Saint-Nicolas, sans date, in-16, marquée Jean Saint-Denis au verso du dernier feuillet. Mentionnons encore une réimpression in-8° faite à Paris en 1529; une autre donnée par Gilles Corrozet, petit in-8° gothique, sans date. L'ouvrage fut aussi réimprimé à Lyon, in-16, Thibault.

La plus correcte de toutes ces éditions est celle de 1522. Les autres présentent nombre de fautes qui rendent souvent le texte incompréhensible.

della Ces. M^ta et Castellano di Fiorenza. Per Giovan-Bernardo Gualandi fiorentino[1]. »

Les trois premiers feuillets qui suivent le frontispice sont blancs ; les feuillets quatre à neuf recto contiennent une dédicace pleine de flatteries, adressée par le traducteur à Jean de Luna, gouverneur de Florence. De cette épître il résulte que Gualandi était le précepteur des enfants du fameux intendant du château-fort. (Accendo commesso alla mia disciplina gli suoi carissimi et pretiosissimi figlioli.)

La date de la dédicace est celle-ci : El X di Juglio MDXLI. In castello di Fiorenza. Le texte de la traduction du livre *de Asse* occupe les feuillets 10 à 288.

Quant à la provenance du manuscrit, on lit en tête du feuillet 4 : « *Ex Bibliothecâ Anton. Verderii Domini Vallisprivatæ* » (Vaulprivas). En 1643 Remigius Fæsch, Docteur en droit à Bâle, a acheté le manuscrit de son relieur moyennant

---

[1] Budé, de l'As, soit la monnaie d'une livre et ses divisions, traduit en toscan et dédié au très illustre et excellentissime don Giovanni di Luna, ambassadeur de S. M. et gouverneur de Florence, par Jean Bernard Gualandi, florentin,

trois batz (A. MDXLIII emptus batsiis 3 a bibliopego meo). En 1824 l'Université de Bâle a hérité de tout le Museum Remigii Fæsch, qui renfermait non seulement beaucoup de tableaux et d'antiquités, mais aussi une belle collection de manuscrits et quatre à cinq mille volumes imprimés [1].

[1] Nous devons remercier ici M. le Dr Sieber, le savant bibliothécaire de Bâle, à l'obligeance duquel nous devons ces détails.

CHAPITRE V

OPUSCULES & COMMENTAIRES SUR LA LANGUE GRECQUE

Entre la publication du *de Asse* et celle d'un autre grand ouvrage, les *Commentaires sur la langue grecque,* Budé composa quelques opuscules que nous allons examiner. Le premier en date est intitulé : *Du mépris des accidents de fortune*[1].

Par cet écrit, publié en 1520, l'auteur répond à une lettre qu'il a reçue de son frère, et dans laquelle celui-ci se plaignait de la fortune, qui ne lui donnait point ce qu'elle lui avait promis. Dans sa réponse, notre savant se montre philosophe ; les déceptions, les épreuves par lesquelles il a dû passer lui-même, lui ont appris ce que c'est que

---

[1] *De contemptu rerum fortuitarum, libri tres, ad Draconem Budæum fratrem, præfectum scriniis regis sanctioribus.* Paris, 1520.

la vie humaine ; aussi, pour sortir victorieux de cette lutte de tous les jours que l'on nomme l'existence, engage-t-il fortement les hommes à l'étude de la philosophie ; il se console d'ailleurs de l'injustice de ce monde en pensant à la justice divine et blâme l'attachement de l'homme pour les biens périssables.

Par le fait seul que cet écrit est une lettre, il ne faut pas s'attendre à y trouver un raisonnement suivi, un ordre logique bien rigoureux. C'est plutôt une sorte de causerie à bâtons rompus. Le traité est cependant divisé en trois livres. Dans le premier, Budé commence par montrer qu'il est, lui aussi, maltraité par la fortune. Et en effet le mauvais état de sa santé lui donnait jusqu'à un certain point le droit de se plaindre. Cependant il s'estime heureux d'avoir pu, en dépit de ses souffrances, continuer ses travaux, et il a appris en même temps à ne pas faire trop de cas de la vie. Il faut savoir se résigner et se soumettre à la volonté de Dieu. Ici Budé s'abandonne à un beau mouvement, où il justifie éloquemment la Providence des maux qui pèsent sur l'humanité. Il compare l'homme à un athlète au milieu de l'arène, luttant avec des chances de défaite et de victoire. Mais, quelles que soient leurs souffrances ici-bas, les soldats du Christ trouveront dans la vie future la récompense qu'ils auront méritée. D'ailleurs le fondateur du christianisme n'a-t-il pas été lui-même pauvre et persécuté? Sachons nous résigner, et attachons-nous à des biens qui soient hors des atteintes de la fortune, c'est-à-dire à la science, à la philosophie. C'est ce que Budé a fait, et il s'estime heureux de vivre paisiblement au milieu de ses livres.

Dans la seconde partie de son traité, l'auteur ne fait guère que reprendre et développer les mêmes idées. C'est surtout en qualité de chrétiens que nous devons être fidèles au culte de la vérité et de la sagesse.

Dans le troisième livre, Budé affirme de solides convictions religieuses; s'il doit subir les coups de la fortune, il ne compte que sur les consolations divines pour les lui faire supporter. Il dit à son frère qu'on pourra peut-être trouver que tout ce qu'il a avancé dans les livres précédents revêt un caractère trop spéculatif. Il s'accuse d'avoir déclamé à la façon des philosophes, sans réussir à faire pénétrer dans l'âme de ses lecteurs l'expression de ses sentiments personnels. Il termine son ouvrage en s'excusant du manque d'ordre qui pourra lui être reproché. Ce sont des matières qui se pressent sous sa plume comme elles se pressaient sur ses lèvres dans leurs conversations de Marly. Il n'avait pas jugé convenable d'y faire des adjonctions ou des coupures. D'ailleurs son frère ne sait-il pas que son procédé consiste à voguer à toutes voiles sur la pleine mer, sans se retourner pour mesurer l'espace parcouru, jusqu'à ce que le vent tombe et cesse de gonfler sa voilure.

Le second opuscule de Budé est intitulé : *Des principes à suivre dans l'étude des lettres anciennes*[1]; nous le plaçons en 1527.

On y voit les traces de cette hésitation qui fit balancer l'esprit français entre le rationalisme grec et le christianisme. Notre savant se déclare partisan de l'hellénisme, tout en demandant que

---

[1] *De studio Litterarum recte et commode instituendo, ad invictissimum et potentissimum principem Franciscum, vegem Franciæ, Gulielmo Budæo, Parisiensi, consiliario regio, libellorumque supplicum in regia magistro, auctore.* Paris, 1527.

l'on tienne un juste milieu entre l'éloquence antique et la vérité religieuse.

Budé, dans ce petit ouvrage, s'abandonne à sa facilité naturelle, et fait tant de dissertations sur l'antiquité, qu'il omet presque de répondre à la question même posée par le titre de son livre. Mais il s'en aperçoit bientôt ; et, réparant son oubli, il donne des conseils aux jeunes gens, les engageant à faire de fortes études littéraires avant de se vouer à une branche spéciale. Dans cet opuscule, il se pose en champion de la langue latine : c'est en cette langue, selon lui, qu'il faut écrire. Il ne croyait pas, du reste, à la perfectibilité du français et ne fondait aucun espoir sur la langue vulgaire ; il ne devinait pas tous les fruits que devait porter cette belle floraison de la Renaissance. Si les idées ont changé depuis l'antiquité, si des mots nouveaux, correspondant à des choses et à des notions nouvelles, viennent chaque jour s'ajouter aux anciens termes, c'est, selon Budé, le latin que l'on doit modifier, en l'enrichissant de nouvelles expressions. « Il faut, dit-il, faire pour cette langue ancienne ce qu'on fait pour un habit qui ne va plus, parce que les formes du corps sont changées ; il faut retoucher et rajuster la langue latine, pour l'accommoder aux nouveaux besoins, au nouvel état de la société et de la religion. »

En résumé, Budé veut pousser les jeunes gens à étudier l'antiquité classique. La littérature grecque, en particulier, renferme des idées, des connaissances essentiellement propres à polir les mœurs et à orner la vie. L'étude de la philosophie ancienne sera surtout très utile. « C'est, dit-il, un grand bonheur pour les temps modernes, d'avoir retrouvé le trésor de la sagesse antique. Pendant une longue suite de siècles, ce trésor a été comme enfoui et perdu. Dans cette période de malheur, il a éprouvé une perte à jamais déplorable. Mais ce qui a pu résister aux injures du temps est enfin retrouvé. Il s'agit d'en restaurer les restes précieux et de les remettre en usage. C'est une tâche difficile, mais aux grands courages conviennent les pénibles et difficiles desseins. » En se donnant pour ainsi dire tout entier à l'hellénisme, Budé estime qu'il fait autre chose que satisfaire sa curiosité ; il cherche à rétablir la tradition de la raison humaine, et en cela il concourt aux desseins mêmes de la Providence. L'hellénisme est loin d'être incompatible avec le christianisme.

« Il est des personnes, dit-il, qui croiraient faire injure à la théologie si elles empruntaient quelque chose à l'éloquence des anciens ; il en est d'autres qui se croiraient déshonorées si elles mêlaient à la pureté de l'éloquence antique un seul mot de la vieille théologie. Quant à moi, je pense que nous devons répudier des anciens toutes les maximes qui sentent leur religion impie ; les maximes de nos vieux docteurs sont plus belles et plus saintes ; mais pour la forme du discours, pour la pureté et la richesse des mots, pourquoi craindre de faire des emprunts à l'antiquité ? »

Budé va plus loin. Dans ses efforts pour apaiser les alarmes des théologiens, il montre comment certaines allégories de la philosophie ancienne s'accordent fort bien avec la seconde épître de saint Paul à Timothée. Il s'efforce de prouver que la mythologie est d'accord avec le christianisme. Il fait concourir à sa démonstration saint Jean et l'Apocalypse. Pour lui, le mythe de Prométhée délivré par Hercule figure la philosophie païenne se convertissant au christianisme.

C'est ainsi que Budé s'attache à calmer les

redoutables frayeurs des théologiens. Mais il importe aussi de faire appel à la protection royale, et c'est par là que l'auteur termine. Les études philologiques ont été en souffrance jusqu'à présent, parce que les regards du prince ne s'étaient guère abaissés sur elles. Mais aujourd'hui les belles-lettres sont en faveur à la cour; les fils du roi se livrent eux-mêmes aux bonnes études, et par là invitent toute la jeunesse française à les imiter. Budé félicite François I*er* des talents remarquables que montrent déjà les jeunes princes; pareils aux fils de Thétis, ils surpasseront leur père. Budé termine en promettant au roi, en retour de la protection qu'il accorde aux bonnes lettres, une gloire égale à celle que s'est acquise l'empereur Auguste.

Nous arrivons maintenant à un ouvrage plus important de Budé, les *Commentaires de la langue grecque*[1].

---

[1] *Commentarii linguæ græcæ, Gulielmo Budæo, consiliario regio, supplicumque libellorum in regia magistro auctore.* Paris, 1529. La meilleure édition des Commentaires est celle qui fut publiée par Robert Estienne, Paris, 1548, in-fol.

Le livre commence par une préface en grec, adressée à François Ier; il se termine par un épilogue, aussi en grec, destiné aux jeunes hellénistes. « Ce n'est pas à moi à dire ce qu'il vaut, écrivait Budé au roi en lui présentant ce grand ouvrage ; c'est à ceux qui le liront et qui entendent un peu le grec. Pour moi, je sais que vous le recevrez avec estime, et même avec plus d'estime qu'il ne mérite ; vous aimez à regarder ce qui vient de moi comme quelque chose de fort excellent, et cette pensée que vous avez de moi me fait un grand plaisir, quoique je ne sois pas de votre sentiment dans le cas que vous faites de mes ouvrages. Je ne voudrais pas pourtant que l'idée que vous aurez de ces Mémoires fût plus grande que de toutes mes autres compositions. Je me souviens qu'en écrivant ceci je savais des choses avec plus d'exactitude ; mais j'ai fait l'ouvrage dans cet état afin qu'il pût être plus utile à ceux qui ont envie de s'instruire.

« Je me persuade que ce livre vous sera d'autant plus agréable, qu'ayant coutume de regarder favorablement les belles-lettres, vous avez montré cependant plus de penchant à aimer et à louer les écrits des Grecs, considérant cela en moi-même et d'ailleurs admirant les ouvrages des Grecs, qui sont sans contredit les maîtres de toutes les sciences, je me suis donné bien de la peine dans cette sorte d'étude. Je voyais qu'il y avait déjà beaucoup de personnes qui souhaitaient d'apprendre le grec à cause de l'estime que vous en faites, et même les fils de ceux qui n'ont point d'étude. Tous ceux qui vivent dans une monarchie ont coutume de s'attacher à étudier les choses qui plaisent à leur prince. »

Au commencement de sa préface, Budé, voulant s'excuser d'avoir tardé si longtemps à terminer son travail, énumère toutes les circonstances qui ont causé ce délai. Cette partie est sans aucun intérêt : ce sont d'interminables détails sur sa santé et ses affaires, dont le mauvais état est venu à la traverse de ses projets ; puis Budé adresse au roi des flatteries qui étonnent un peu chez un homme qui avait toujours fait preuve d'une grande indépendance de caractère.

« O le meilleur des rois, dit-il, je puis bien vous saluer de ce titre, que vous ne devez qu'à vos mœurs et à votre sagesse ; tous ceux qui ont approché de votre personne vous l'ont donné.

Je place votre nom à la tête de ce livre, pour commencer par des paroles de bon augure ; ce nom a cela d'heureux, qu'en vous nommant on nomme le peuple français ; je veux qu'une partie de la grâce et de l'éclat qui sont attachés à votre personne rejaillisse sur mon ouvrage. »

Jamais, au dire de Budé, prince ni particulier ne fut doué de qualités plus aimables ; François Ier possède toutes celles qu'un jeune roi peut souhaiter. A ce naturel heureux combien de qualités physiques viennent se joindre, maintien royal, port de héros, visage plein de noblesse, en un mot extérieur d'une séduction irrésistible. Son esprit, qui s'est formé de lui-même, est prompt et vaste, propre à tout, et sachant saisir sans peine le point important de chaque chose ; dans son langage on sent l'effet d'une grâce naturelle et une élégance telle que l'art n'y pourrait rien ajouter ; il est inspiré par la Minerve de Phidias ; tant de talents et tant de grâces, Dieu les lui a prodigués quand il l'a destiné au trône.

Cette description, qui nous rappelle le portrait flatteur que Budé faisait de François Ier à Erasme dans une lettre datée du 5 février 1517, avait pour but de toucher le roi et de le rendre favorable à la philologie dont Budé plaidait la cause.

« Accordez, prince, une part de votre sollicitude, de votre munificence, à la profession la plus libérale et la plus utile de toutes. Appliquez votre haute pensée et votre générosité à encourager les lettres et les bonnes études. »

L'ouvrage proprement dit des *Commentaires* est une suite d'articles, dans le développement desquels l'auteur déploie autant de science, qu'il montre peu de méthode.

« Il commence par expliquer un mot grec, dit M. Rebitté, et sans s'arrêter jamais, sans aucune division, ni pour l'esprit, ni pour les yeux, il passe à un autre mot, jusqu'à ce que le livre s'arrête. Ce manque d'ordre a été sévèrement blâmé par Nicéron, qui, tout en reconnaissant dans cet ouvrage «un travail immense et une lecture prodigieuse, » déclare cependant que ce n'est après tout qu' « une masse informe et indigeste, sans ordre et sans méthode. » Budé y apparaît avant tout comme un savant grammairien. Il n'oublie point la langue latine, car à côté des sept mille articles grecs dans lesquels il fait preuve d'une immense érudition, il trouve encore moyen de traiter quinze cents articles latins.

Dans l'Épilogue, Budé explique le but qu'il s'est proposé dans cet ouvrage : il a voulu éclairer de ses conseils les jeunes gens qui se vouent à l'étude de la langue grecque. Il s'accuse avec modestie de leur donner de bien faibles lumières, et il espère que d'autres combleront un jour les lacunes qu'offre son œuvre. Puis il termine en exprimant le vœu de voir, avant sa mort, fleurir les bonnes études dans tout leur éclat.

Ces remarquables *Commentaires* ou *Mémoires* sont en quelque sorte un relevé des richesses de la langue grecque et font ressortir les rapports qu'elle a avec celle de l'ancienne Rome ; c'est un travail prodigieux dont personne ne s'était encore occupé. On y trouve, mis à la portée de tous, ce que le langage d'Athènes avait de plus recherché, de plus sublime. Budé voulait mettre tout le monde en état de traverser librement un terrain où les plus habiles pouvaient à peine se frayer autrefois une route. Dans cet ouvrage, le style de Budé est à la fois grave et élégant, énergique et plus châtié que dans ses autres écrits. Il abonde en sentences choisies et recherchées, ses expressions sont empruntées aux meilleurs auteurs, on voit dans ses périodes imagées beaucoup de figures et de métaphores ; mais cette abondance de comparaisons dégénère en défaut, car elle embarrasse souvent la marche du discours. Ce qu'on peut dire, pour résumer un jugement sur cet ouvrage, c'est que l'auteur ennoblit d'une manière singulière tout ce qu'il traite, et qu'il donne un air aisé et presque gracieux à des matières qui ne semblaient guère s'y prêter.

La publication des *Commentaires* acheva d'établir la réputation de Budé comme helléniste. Il eut des disciples et des rivaux, la plupart fort savants, qui servirent sans contredit la cause de la philologie par leur enseignement et leurs écrits. Mais aucun d'eux n'imprima à l'hellénisme une direction aussi ferme, et ne plaida aussi bien sa cause devant l'opinion publique comme auprès des princes. C'est lui qui fit vraiment pénétrer en France l'élégante culture de la Grèce, et il en parlait si purement le langage que, selon l'expression de Lascaris, il ne le cédait pas aux Attiques eux-mêmes. Il a véritablement mérité le titre de restaurateur des études grecques en France, que lui a décerné M. Rebitté. Sa réputation comme helléniste était si incontestée que, depuis la publication des *Commentaires*, tous les lexicographes avaient soin de s'appuyer sur son autorité : témoin Gérard Morrhius qui, dans son *Lexicon græco-latinum*, publié en 1530, nomme Budé le premier parmi les savants dont il déclare avoir mis les travaux à profit. Un grand nombre d'éditeurs avaient soin de placer adroitement le nom de Budé à l'endroit le plus apparent de leurs lexiques. C'est ce qui a donné lieu à l'opinion, longtemps accréditée, que notre savant avait publié un véritable lexique. Il n'en est rien. Nous voyons, d'après une lettre qu'il écrivait à Erasme, qu'il avait pensé à rédiger un ouvrage de ce genre, mais qu'il y avait renoncé. Il utilisa pour ses *Commentaires* la plupart des notes lexicographiques qu'il avait rassemblées ; le reste profita plus tard à Toussain, puis à Baduel, pour leurs travaux.

Admirateur passionné du vaste savoir et du génie de Budé, Henry Estienne avait eu l'intention de donner une nouvelle édition des *Commentaires de la langue grecque*, en y joignant un appendice qui eût été fort précieux. Mais le monde savant attendit vainement cette réimpression. Pour s'étonner de ce fait, il faudrait ne pas connaître le caractère d'Henry Estienne, qui, surchargé de travaux, n'était guère en état de donner tout ce qu'il promettait. Ce qui est inconstestable, c'est que, pour son *Thesaurus*, il mit largement à profit les beaux travaux de Guillaume Budé, sans chercher d'ailleurs à dissimuler ses emprunts.

CHAPITRE VI

PHILOLOGIE, HELLÉNISME ET CHRISTIANISME
INSTITUTION DU PRINCE

Le traité *De la Philologie*[1], dédié aux enfants de François Iᵉʳ, Henri d'Orléans et Charles d'Angoulême, fut commencé avant 1515, mais publié seulement en 1530. L'auteur, comme toujours, recommande les bonnes études à la sollicitude du roi. Écrit sous forme de dialogue entre le prince et l'helléniste, l'ouvrage se prête admirablement au but proposé, Budé introduisant dans cette conversation princière toutes sortes d'allusions et de requêtes à l'adresse de François Iᵉʳ. Il se plaint avec amertume de ce que toutes les carrières sont encouragées, et

---

[1] *De Philologia, ad Henricum Aureliensem, et Carolum Angulismensem, regis filios.* Paris, 1530.

qu'à leur succès s'ajoute encore le gain, ainsi qu'une foule de privilèges, tandis que les lettres sont laissées dans un injuste oubli ; mais il n'a pas perdu de vue les promesses du roi et son projet de fonder un collège : il se console par la perspective de cette institution.

Dans ce livre, notre helléniste demande, en quelque sorte, que les savants forment un quatrième ordre dans l'État ; il veut du moins qu'ils aient une place dans les Conseils des Princes. Notons que, à l'époque où Budé publia son ouvrage, ses vœux avaient déjà été exaucés en partie : François Ier, à peine monté sur le trône, avait appelé Budé à la Cour, et nous avons vu avec quel zèle il prit en main la cause de l'hellénisme.

Le *de Philologia* est une sorte de plaidoyer éloquent en faveur de la philologie. Budé trouve que cette science ne jouit pas de la considération qu'elle mérite. Une des causes de sa défaveur, c'est qu'elle ne mène ni à la richesse, ni aux honneurs. La théologie procure de belles et bonnes places : les ordonnances des rois et des papes assurent aux gradués en théologie de très grands avantages temporels. La part du droit n'est pas moins belle : les magistrats, les jurisconsultes exercent une sorte de royauté, et ils arrivent à la fortune en même temps qu'ils jouissent du respect des hommes. Les médecins ont également une profession honorable et bien rétribuée. Mais qui songe à la philologie ? On semble la croire bonne tout au plus à servir quelquefois de délassement, et personne ne s'occupe de l'encourager. Et pourtant quel intérêt présente l'étude des langues anciennes ! Sans parler du grec, le latin est une langue qui peut suffire à tout ; et pour le prouver, notre érudit expose en latin une théorie complète de la chasse.

Budé supplie le roi de venir au secours des bonnes études, ainsi compromises dès leur naissance. Ses deux prédécesseurs, Charles VIII et Louis XII, n'y étaient pas entièrement indifférents, mais leurs courtisans les en ont détournés, quoiqu'ils eussent auprès d'eux un homme favorable aux bonnes études, le chancelier de Rochefort. C'est à François Ier qu'il appartient de relever le crédit de la science philologique. Qu'il fasse honneur aux engagements qu'il a déjà pris à cet égard, qu'il fonde le Collège promis, en lui attribuant des revenus suffisants, et cette institution aura certainement les plus heureux résultats. Et le roi ne doit avoir aucune inquiétude au sujet des nouvelles études : elles n'ont d'autre but que de faire connaître les trésors de la sagesse antique, et de remettre en honneur l'art de bien écrire. Que ces études soient encouragées, et bientôt il y aura en France des lettrés, des orateurs, des écrivains qui feront honneur à leur pays. Mais pour cela le roi doit songer à nourrir les savants. Il faut que le Collège projeté soit une sorte de Prytanée où ceux qui consacreront leur vie à l'étude des lettres trouvent au moins leur subsistance assurée.

On sait que pour composer son beau *Traité de Vénerie*, le roi Charles IX avait chargé des savants de sa cour de rassembler les documents qui pouvaient lui être utiles. A cet effet un écrivain distingué du XVIme siècle, Le Roy, qui a donné au public lettré une Vie de Budé écrite dans un latin des plus élégants, reçut de son prince, en 1572, l'ordre de traduire le second livre de l'ouvrage *de Philologia* de Budé. Ce livre est en effet comme un opuscule à part, où sont exposés les principes de la Vénerie. C'est une dissertation brillante sur la chasse au cerf, plutôt qu'un traité proprement dit ; l'auteur y conserve la forme dialoguée.

On a trouvé une analogie assez frappante entre le désir de Charles IX de s'initier aux détails de la chasse, et celui d'Alexandre le Grand curieux de connaître l'histoire des animaux. « Alexandre le Grand, dit Pline, remit le soin de faire un travail sur les animaux à Aristote, éminent en tous genres de sciences, et il soumit à ses ordres, en Grèce et en Asie, quelques milliers d'hommes qui vivaient de la chasse et de la pêche, et qui soignaient des viviers, des étables, des ruches et des volières, afin qu'aucune créature ne lui échappât. »

En 1564, Jean Thierry reproduisit par extraits la dissertation de Budé à la suite de son Dictionnaire français-latin, sous le titre de : *Excerpta de Venatione*. Les frères Lallemand le citent dans leur Bibliothèque historique et critique des auteurs théreuticographes, qui précède l'édition de 1763 de l'École de la Chasse aux chiens courants, par Leverrie de la Conterie.

En 1861, le traité de Budé traduit par Le Roy

et resté jusqu'alors manuscrit, a été imprimé par les soins de M. H. Chevreul [1]. Le traité de la Vénerie est, comme nous l'avons dit, un dialogue entre le roi et Budé. Ce dernier, au début, se confond en excuses d'aborder devant le monarque un sujet qu'il se déclare incompétent à traiter : le prince étant, selon lui, en pareille matière « maître de l'art et juge parfait. » Quant à lui, c'est un indigne et il s'expose aux railleries, « ainsi qu'il advint jadis à Phormion, philosophe péripatéticien, lequel osant parler devant Hannibal de l'office d'un capitaine et des ruses de guerre, fut à bon droit moqué. » La modestie de Budé nous semble exagérée : n'oublions pas qu'avant de se donner tout entier à la science, il avait mené, avec les jeunes seigneurs

---

[1] *Traitté de la Venerie*, par feu Monsieur Budé, conseiller du roi François Ier et maistre des requêtes ordinaires en son hôtel ; traduict du latin en françois par Louis Le Roy dict Regius, suivant le commandement qui luy en a été faict à Blois, par le roy Charles IX ; — publié pour la première fois d'après le manuscrit de l'Institut par Henry Chevreul. A Paris, chez Auguste Aubry, l'un des libraires de la Société des bibliophiles français, rue Dauphine, n° 16, M.DCCC.LXI.

de son âge, une vie mondaine dont les exploits cynégétiques formaient le principal élément. Budé était sans doute plus capable de discourir sur les différentes péripéties de la chasse au cerf, que le monarque ne l'était de prononcer sur un texte grec ou latin.

Il est curieux de suivre Budé dans les détails minutieux avec lesquels il décrit la chasse. Il ne fait pas grâce au roi des plus petites circonstances : il détaille la poursuite de l'animal depuis le moment où la meute le lance au son des trompes, jusqu'à celui où, cerné dans la rivière où il s'est réfugié, il est amené comme un criminel au lieu de son dernier supplice. Ce récit mouvementé, pittoresque et dramatique, plaît au roi qui s'écrie : « Vous avez commencé cette histoire ou commentaire de vénerie presque en la même manière que j'ai entendu Homère avoir commencé la guerre de Troie. » On voit que Budé prête volontiers à son interlocuteur des termes qui ne lui font pas déshonneur. Dans le cours de ce dialogue, notre auteur se laisse aller à plusieurs digressions philologiques sur les beautés respectives des langues anciennes, à l'occasion du latin qu'il a choisi pour son présent traité, de telle façon que l'art cynégétique est constamment mêlé à des questions littéraires et philosophiques ; il semble, en entendant deviser nos deux interlocuteurs, assister à un entretien auquel se livreraient Minerve et Diane, sous le dôme des forêts ténébreuses.

Quatre ans après le *de philologia*, Budé publiait un autre traité non moins important, intitulé : *Du passage de l'hellénisme au christianisme*[1]. »

Dans cet ouvrage, l'auteur montre comment il faut passer des sciences profanes à la véritable philosophie, qui ne se trouve que dans la doctrine céleste de Jésus-Christ. En même temps il justifie les lettres grecques du reproche d'hérésie qu'on leur adressait dès le temps de Justinien (témoin l'écrit étrange de ce prince contre Origène), et qui devait leur être fait longtemps encore en France, dans une polémique qui divisa l'épiscopat français jusque sous Pie IX.

Le *de Transitu* nous montre Budé sous l'as-

[1] *De Transitu Hellenismi ad Christianismum, libri tres, ad invictissimum et potentissimum principem Franciscum, christianissimum regem Franciæ.* Paris, 1534.

pect d'un fervent catholique. Il loue le prince avec exagération des garanties qu'il avait données aux prêtres et aux fidèles romains par la célèbre procession de 1528, et il s'emporte contre les fauteurs de la nouvelle secte, qu'il va jusqu'à nommer « les derniers des hommes. » Erasme, a-t-on judicieusement observé, qui avait été moine et s'était fait relever de ses vœux, a été plus modéré que lui.

« Budé, dit M. Francis Wey [1], fit paraître son traité « *de transitu Hellenismi ad Christianismum* » en opposition avec les pratiques des réformateurs. Ce qu'il désigne sous le nom d'hellénisme, ce sont les lettres profanes, car alors déjà on s'efforçait de souder le français à l'élément grec, thèse que Henry Estienne développa depuis, moins en faveur du français que contre le latin.

« Budé rappelle son siècle aux pures traditions du grec et du latin, et surtout à la vraie et ancienne philosophie chrétienne. Cet ouvrage, écrit en bon latin, est dédié à François Ier qui,

---

[1] *Histoire des révolutions du langage en France*, page 253.

dès que la portée libérale et aristocratique à la fois, c'est-à-dire antimonarchique du protestantisme lui apparut, cessa de protéger Marot et les Estienne, et laissa mettre le feu au bûcher de Dolet qu'il avait aimé. »

Une courte citation suffira pour donner une idée du ton général de Budé dans son *De transitu :*

« Dans ce paradis des lettres, il faut que tout ami studieux des belles connaissances soit animé d'un esprit assez philosophique pour que, sortant de ces pâturages de la philologie, agréables il est vrai, mais pauvres et stériles par eux-mêmes, il vise à se repaître de ces mets de la philosophie sacrée, que la sagesse céleste sert à ceux qu'elle a conviés au festin. »

Si Budé avait pour la science un respect profond, il estimait que la religion doit primer les bonnes études, et il mettait ces dernières à leur place légitime. Il en faisait l'admirable complément de de la seule connaissance nécessaire, celle des vérités éternelles. Mais il était bien convaincu qu'après la doctrine du Christ, après la religion et la piété enseignée par les Apôtres, le plus beau présent que la Providence ait pu faire aux hommes, consiste dans cette philosophie et ces belles-lettres qui règlent la vie et adoucissent les mœurs.

On sent que Budé a écrit sous l'impression de la lutte qui commençait en France contre la Réforme. Il déplore les outrages faits à la religion, la licence des opinions, le manque de respect pour le clergé et pour le chef même de l'Église. Mais il ne peut s'empêcher de dire en passant que peut-être, pour ramener les factieux et les hérétiques à de meilleurs sentiments, la douceur et les bons exemples vaudraient mieux que les supplices. Il lui semble que tous les torts ne sont peut-être pas du côté des partisans de la religion nouvelle. Budé témoigne de son respect pour le clergé, en tant que gardien des saines doctrines de l'Église ; mais il faut reconnaître que la corruption des mœurs et très grande, surtout chez les moines. Il souhaite la paix, et croit qu'elle pourrait être aisément rétablie.

Quant à lui, il fait un grand cas de la théologie. C'est, dit-il, cette chaîne dont parle Homère, laquelle suspend la terre aux cieux. Elle surpasse toutes les autres sciences, et, mieux que la philosophie grecque, elle nous apprend à nous connaître nous-mêmes. Son principal mérite est de nous montrer la nécessité absolue de la grâce pour le salut. En parlant de l'hellénisme dans ses rapports avec le christianisme, Budé veut servir la Religion. Il déclare que la philologie, qu'il a longtemps cultivée exclusivement, n'a pas rempli son attente, et qu'il veut y joindre désormais l'étude plus haute et plus agréable de la théologie.

En faisant toutes ces concessions, Budé veut prouver que les études profanes et les études sacrées ne sont pas incompatibles, comme on le prétendait. Il admet que la philologie doit céder le pas à la théologie, mais sans se faire cependant son humble servante. Il désire que ces deux rivales soient réconciliées, pour le plus grand profit à la fois de la science et de la religion. On voit que Budé était sincèrement pieux, et que son âme ne trouvait pas dans la sagesse antique la satisfaction de ses besoins religieux. Il aspire à une science plus élevée, à cette clarté divine qui brille dans les Écritures d'un si vif éclat [1].

En résumé Budé s'attache à montrer comment

---

[1] Voir *de Transitu*, liv. II et III, passim.

la sagesse antique a préparé la venue du Christianisme, et quelle analogie il y a entre la philosophie grecque et la doctrine de Jésus-Christ ou des premiers docteurs de l'Église. C'est là certainement, dans le champ de l'histoire et dans celui de la philosophie, l'un des plus beaux sujets d'étude qui se puissent offrir à un esprit méditatif. Budé a traité ces matières de main de maître; mais on lui a reproché de ne pas avoir fait preuve dans ce travail de toute l'érudition à laquelle il avait jusque-là accoutumé ses lecteurs. On s'étonne, non sans raison, d'y rencontrer peu de détails historiques, et une absence presque complète de points de comparaison entre les différents systèmes grecs et la doctrine chrétienne. L'auteur consacre l'ouvrage entier à développer cette idée : la philosophie conduit à la religion. Voilà toute la pensée du livre.

Jusqu'à présent, nous l'avons vu, c'est presque toujours en latin, ou même en grec, que Budé avait écrit ses ouvrages. Il ne croyait pas que le français pût se prêter à un langage scientifique. Cependant avec l'âge ses idées sur ce point se modifièrent, devant le grand mouvement qui réformait ou plutôt créait la langue française.

Il se faisait alors entre la science et l'imagination, entre le français et les langues anciennes, de merveilleux échanges. Les poètes et les prosateurs ambitionnaient le savoir des philologues, les philologues aspiraient à la gloire des prosateurs et des poètes. C'est ainsi que Budé fut amené à écrire en français son livre « *De l'Institution du Prince*[1]. »

---

[1] Voici le titre exact de l'ouvrage, qui ne fut publié qu'après la mort de l'auteur :

De l'Institution du prince, livre contenant plusieurs histoires, enseignements, et saiges dicts des anciens, tant grecs que latins : faict et composé par maistre Guillaume Budé, lors secrétaire et maistre de la librairie, et depuis maistre des requestes et conseiller du roy. Reveu, enrichy d'arguments, divisé par chapitres, et augmenté de scholies et annotations, par hault et puissant seigneur missire Jean de Luxembourg, abbé d'Ivry. Imprimé à l'Arrivour, abbaye du dict seigneur, par maistre Nicole. Paris, 1547, in-folio.

Par suite d'une erreur de pagination, les deux dernières pages de la feuille A portent 15, 16, et la pagination recommence à la feuille B avec le chiffre 13. Le premier feuillet de la signature S est occupé par les armoiries de l'éditeur avec ces mots : Johannes a Luxem | burgo princeps | Abbas Juriacensis. Sur le verso du dernier feuillet (S 6) on voit la marque de

Ainsi Budé abandonne le latin et le grec, ses deux langues maternelles, en quelque sorte, pour le français. *L'Institution du Prince* ne tient guère ce que promet le titre; car des devoirs mêmes du Prince, de la manière de le former, du grand art de régner, l'auteur n'en parle que sommairement. Pour lui, il semble que le plus grand mérite d'un souverain, son premier devoir, soit la générosité envers les gens de lettres. Budé rapporte avec complaisance et en grand nombre, des exemples de la munificence des rois à l'égard des savants; il montre combien les sciences ajoutent à l'éclat et au bonheur d'un règne: son livre en un mot est plutôt un plaidoyer en faveur des savants qu'un manuel politique. Il ne

l'imprimeur Nicole avec la devise « *Et Colligam.* » Cet ouvrage qui, selon La Croix du Maine, a été revu par Richard le Blanc, n'est pas dans l'édition des œuvres de Budé imprimée à Bâle en 1557; mais il a été réimprimé à Paris chez Jean Faucher, en 1548, in-8°. Il y en a une autre édition, Lyon, Guil. Gazeau, 1547, in-8°, sous le titre de : *Témoignage du temps, ou Enseignemens et exhortations pour l'institution d'un Prince.* C'est un volume de 104 ff.; au verso du dernier on lit : Imprimé à Lyon par Denys de Harsy, 1544 (Voir Brunet, *Manuel du libraire et de l'amateur de livres*, article *Budé*).

faudrait pas croire cependant qu'un intérêt peu noble ait dicté les pages de Budé. Mais telle était alors la préoccupation des lettrés, et l'importance nouvelle de la science, que devant elle tout pâlissait.

A la suite de la préface de *l'Institution du Prince,* on lit les vers suivants adressés au lecteur.

>Ne te contente, amy lecteur, d'avoir
>Leu seulement le tiltre de cest œuvre,
>Mais veoy-le au long; tu pourras recepvoir
>Le fruict exquis que Budé t'y descœuvre.
>O siècle heureux, qui tel bien nous recœuvre!
>Et plus heureux d'avoir pour nous tant faict,
>Que nous avons un Prince si parfaict,
>Aimé et crainct des siens et des estranges!
>Nobles François, nous en veoyons l'effect.
>Donnons-luy doncq immortelles louanges.
>   Tout pour le mieux.

« Sire, dit Budé dans sa préface, il est escript au dix-huictiesme chapitre des Proverbes de Salomon : « *Donum hominis dilatat viam ejus, et ante Principes spatium ei facit,* » c'est-à-dire, la nature du don que présente l'homme est telle, qu'elle eslargit le chemin et le rend plus facile, pour luy servir d'ouverture à se présenter devant la presence des Princes. En lisant naguères ce passaige, il me veind en pensée, que je ne pourroye prendre meilleur ny plus honneste conseil, que de suivre l'authorité du roy Salomon (qui a heu tant de grace de Dieu, pour congnoistre les choses divines et humaines), et vous faire quelque petit present du fruict de mes labeurs, pour me rendre, en ce qui me seroit possible, plus congneu à votre grande Majesté et infinie bonté... Combien que j'aye entièrement employé la fleur de mon aage en l'estude et exercice des bonnes lettres, et que j'aye composé (il y a desjà long temps) quelques Livres tant en Grec qu'en Latin : toutesfois, je n'euz oncques vouloir d'en presenter aulcun à Roy ni à Prince jusques à maintenant, que j'ay esté induict de ce faire, après que j'ay heu (selon mon jugement) certaine congnoissance, et clairement apparceu aulcunes principales et eminentes vertuz, qui sont en vous si excellentes et recommendables.... Et ne suis si presumptueux, que je veuille estimer cestuy mien œuvre pour l'industrie que j'ay employée, pour avoir mis en quelque ordre le contenu en icelluy ; ny encore moins pour l'avoir redigé en composition pertinente et convenable; ni aussy pour avoir gardé une grande proprieté et elegance de la Langue françoise, de laquelle je me suis aydé en ce present Traicté le mieux que j'ay peu...... Mais si j'en doy avoir quelque louange, je ne la vouldroye pretendre que pour l'authorité et excellente reputation des magnanimes Roys, Princes, et aultres grands personnaiges, qui ont été celebrés pour la renommée des histoires. »

Dans cet ouvrage, Budé commence par montrer, à l'imitation du poète grec Hésiode, les trois catégories d'hommes qui gouvernent les républiques et les royaumes, et de quelle façon ils doivent user de la sagesse humaine; puis il définit la science, et passe en revue tous les bienfaits de la prudence dont l'homme doit user ici-bas. Il parle de la justice des princes et n'a pas de peine à prouver combien cette vertu fait prospérer les royaumes. Il fait l'éloge des langues anciennes, bien supérieures, selon lui, aux langues vulgaires; il insiste sur la nécessité qui s'impose aux monarques d'apprendre les lettres, en vue de bien commander à leurs sujets. Il définit les différentes espèces de biens qui existent sur la terre, spirituels et temporels, et démontre victorieusement que les forces physiques sont impuissantes si elles ne sont gouvernées par la science et par la sagesse. Il parle ensuite de la manière de bien écrire l'histoire, et s'étend longuement sur les savants et sur les lettrés, poètes, historiens des temps passés ; il ne manque pas d'insister auprès du roi sur les honneurs insignes et les récompenses efficaces dont les savants de l'antiquité étaient l'objet de la part de leurs princes.

Que dirons-nous de l'érudition immense que Budé déploie dans le cours de cet ouvrage ? C'est ainsi que, vantant les orateurs de l'antiquité, leur énergie et leur vertu qu'il voudrait voir imiter par ceux de la France, il fait une savante digression pour montrer que les Celtes ne reconnaissaient pas Mercure pour emblème de l'éloquence comme le faisaient les Égyptiens, mais bien Hercule. Quelle manière profonde n'a-t-il pas de traiter l'éloquence des Grecs à cette occasion ! Mais à l'érudition, Budé ajoute une philosophie chrétienne des plus remarquables. C'est ainsi qu'après avoir traité la sagesse en s'appuyant constamment sur Salomon, il montre que la jeunesse, bien qu'elle tende naturellement au plaisir, est cependant faite pour acquérir la science ; il ajoute que les lettres et la philosophie sont enseignées par les sages pour servir de nourriture à l'âme et la préparer à comprendre les vérités éternelles. En cela l'auteur s'accorde parfaitement avec Platon qui, dans son *Phédon*, voit dans la science de l'esprit le moyen de connaître plus tard la vérité qui nous reste inconnue sur cette terre.

Mais entrons dans une analyse plus détaillée de ce traité. L'auteur, nous l'avons déjà vu, énumère d'abord les bienfaits de la science et de la sagesse, l'utilité et la supériorité des langues anciennes, la prudence acquise par la connaissance des lettres et de l'histoire. A ce propos, il examine, après Lucien, les règles que doit suivre l'historien. Il loue les princes des siècles passés pour les récompenses qu'ils ont accordées aux historiens, aux savants, aux lettrés. Il parle avec admiration des grands orateurs de l'antiquité ; il entre en particulier dans quelques détails sur l'éloquence des Grecs. Puis il revient à l'importance de la prudence, qui s'acquiert par l'étude de l'histoire, et fait une dissertation sur la Sagesse en s'appuyant sur Salomon, ce qui l'amène à parler de la reconnaissance que doit éprouver l'homme pour les grâces infinies de Dieu. Il engage la jeunesse à se livrer à l'étude plutôt qu'au plaisir. Il dit, en parlant des rois, que ces derniers doivent se défier des faux philosophes, mais récompenser les véritables savants, à l'imitation des grands princes de l'antiquité, d'Alexandre surtout. Budé revient ensuite à l'éloge de l'éloquence; il montre, par l'exemple de Thémistocle, combien elle peut être utile aux hommes politiques, et quelle gloire les monarques retirent de l'étude des lettres. Un roi doit rechercher la justice en même temps que la science; il doit s'entourer de lieutenants et d'amis fidèles; et à cette occasion, Budé disserte sur les caractères de la vraie et de la fausse amitié. Il insiste sur cette idée que la puissance des rois ne peut avoir d'autorité réelle que si elle s'appuie sur la justice et la raison; il propose l'exemple de César-Auguste à l'imitation des princes qui veulent gouverner avec sagesse et modération. Les Romains n'ont été si longtemps victorieux que grâce à leur sagesse, par exemple dans les guerres contre Pyrrhus et les Carthaginois. Budé vante la dignité des magistrats romains, la modestie de Caton, l'honnêteté de Scipion l'Africain ; il parle de Marius et de Sylla. Il insiste sur le peu de confiance qu'on doit avoir en la Fortune, puis sur les vertus qui conservent la grandeur des États. Il fait une comparaison entre Alexandre et Pompée, à l'avantage de ce dernier. Enfin il termine en revenant sur cette idée que les rois et les princes doivent, en toutes choses, s'appuyer toujours sur la justice et sur la raison.

Telles sont les idées générales de ce traité, que l'on a quelquefois peine à suivre au travers de toutes les digressions qui s'y entremêlent. Qu'on nous permette de citer encore les lignes par lesquelles se termine le livre de l'Institution du prince :

« Je vous supplie tres humblement qu'il vous plaise avoir pour aggreable ce mien petit labeur, lequel servira comme de commentaire, pour reduire en souvenance des studieux les dicts et histoires des saiges anciens, lesquelles ont plus de grace, d'authorité et de majesté en la langue Grecque et Latine où elles sont escriptes, qu'en la Françoise, en laquelle je me suis bien peu exercité, pour avoir plus donné de diligence à apprendre les bonnes lettres, que à sçavoir curieusement parler celle qui m'est naturelle et maternelle. Et m'estimeray tres heureux si en quelque chose je pouvois faire, par mon industrie et humble service, œuvre qui vous fust aggreable. Car je ne desire en ce Monde plus ample recompense de mon travail, ny plus accomplie felicité pour mon contentement, que de vous rendre tousjours tesmoignaige de perpetuelle volunté et entière affection : laquelle est née pour servir d'obeïssance à voz commandemens[1]. »

[1] Pour donner une énumération tout à fait complète des œuvres de Budé, il nous faudrait citer encore des traductions latines de quelques ouvrages grecs. Ainsi, aux traités de Plutarque que nous avons mentionnés, Budé ajouta le *De fortuna et virtute Alexandri*; il traduisit aussi le *De Mundo* d'Aristote et le livre de Philon qui porte le même titre. Nicéron indique enfin la *Météorologie* d'Aristote (*Aristotelis Meteorologia, latine versa*). Les observations que nous avons faites à propos des premières traductions s'appliquent également à celles-ci, et nous ne nous y arrêterons pas davantage.

Le style de Budé a donné lieu à plus d'une critique. Il est certain qu'il écrivait le français d'une façon lourde et souvent obscure. Il ne faut pas être très expert pour s'en apercevoir. L'auteur lui-même, bien loin de se faire des illusions à cet égard, le reconnaît franchement dans son épître dédicatoire de l'Institution du Prince : il dit qu'il ne voudrait ni ne se pourrait louer « de sçavoir la purité de la diction françoise, » et qu'il est « bien peu exercité en ce style françois [1]. »

En résumé, sans crainte d'être démenti par aucun de ses plus grands admirateurs, on peut dire que Budé fut, au point de vue de la forme, un écrivain médiocre. Il maniait le français moins bien que le latin, et le latin moins bien que le grec. Mais on peut affirmer que comme helléniste il n'avait aucun rival; il écrivait avec une admirable pureté la langue de Démosthène.

Budé était aussi poète à ses heures. Il composa plusieurs pièces de vers, entre autres un chant royal présenté à François Ier lors de son

---

[1] Voir ce que disent de lui Genébrard et Daniel Augentius dans la *Bibliothèque de Duverdier*.

retour de la captivité de Madrid. Mais il faut avouer que ses poésies françaises ne sont pas supérieures à sa prose.

Si Budé fut le premier helléniste de son temps, s'il fut latiniste distingué, philologue, philosophe et juriste, en un mot s'il excella dans les branches les plus diverses des connaissances humaines, et s'il versifia même suivant les circonstances, il paraît bien qu'il ne fut pas orateur. On raconte à ce sujet qu'ayant voulu haranguer Charles-Quint à son entrée à Paris, en 1540, Budé demeura court et ne put achever son discours commencé.

Parlons maintenant des reproches qu'on adressait à Budé sur ses ouvrages en général, et voyons comment il se justifiait devant ses accusateurs.

Il affectionne trop, remarque-t-on, les métaphores ; il s'éloigne de la simplicité naturelle ; il s'abandonne à l'ardeur de son esprit, et dans sa course rapide, ne pouvant plus carguer ses voiles, il vogue à la dérive, au gré de son enthousiasme. De là un certain désordre, un manque de précision.

Voici comment on peut expliquer ces défauts,

Il ne fit qu'assez tard des études sérieuses et, à vrai dire, il n'eut, dans sa première jeunesse, personne qui pût lui montrer la véritable route de l'éloquence ou modérer sa verve juvénile. Les docteurs du temps l'invitaient à calmer sa fougue, et Erasme, qui lui adressa tous les reproches dont nous venons de parler, disait de lui que les dispositions naturelles sont celles qui influent le plus sur les sentiments de l'homme.

Quant aux obscurités fréquentes qu'on lui reprochait, Budé les considérait presque comme une qualité ; il avouait très franchement que son désir était de voir ses ouvrages compris de peu de gens. « Puis, ajoutait-il, si certaines personnes sont blessées de mes métaphores, qu'elles sachent bien que je m'en sers à l'imitation des meilleurs auteurs latins, de ces maîtres consommés qui donnent à cette figure la première place dans le discours et dans le style en général. » Il ajoutait qu'il avait constamment cherché à exprimer avec élégance et éclat des choses très difficiles à rendre, et que dès lors il n'avait dû ménager ni les tropes, ni le nombre, ni toutes les ressources de la rhétorique, qui sont comme des étoiles semées dans le discours pour l'éclairer et l'embellir. Enfin, pour répondre aux reproches qu'on lui faisait d'être trop prolixe, il déclarait préférer de beaucoup le luxe et la richesse à la médiocrité et à la pauvreté d'idées [1].

Nous venons de nommer Erasme. On l'a souvent comparé à Budé. Longueil, entre autres, établit dans une lettre un parallèle fort intéressant entre les deux docteurs. Qu'on nous permette de traduire et de citer en substance ses appréciations, qui compléteront l'esquisse que nous avons essayé de faire de Budé envisagé comme écrivain. « En ce qui concerne la science, je ne vois pas en quoi Budé le cède à Erasme. Tous deux méritent, à mon avis, une égale réputation d'éloquence, quoique dans un genre différent. Chez l'un et chez l'autre, il y a une remarquable abondance d'idées et un heureux choix de mots ; et pour prendre la comparaison d'un fleuve, Budé roulerait des ondes plus profondes, Erasme des eaux plus rapides. Pour prendre une autre comparaison, le corps du discours d'Erasme aurait de la chair et de la couleur, celui de Budé des muscles et du sang. Il y a dans Budé

---

[1] Voir Leroy, *Vita Budæi,* page 24.

plus d'activité, dans Erasme plus de bonheur. L'un est sentencieux, l'autre plaisant; le premier accorde tout à l'utile, l'autre à l'agréable. Budé combat avec dignité et sérieux ; Erasme a pour armes la subtilité et la plaisanterie. Budé entraîne violemment à lui; Erasme gagne la sympathie par la douceur. Budé est varié dans ses figures, grave dans ses sentences, noble dans tout le discours; Erasme est gracieux, populaire, fleuri, riche en termes, plein de facilité, brillant par son style, agréable par ses traits d'esprit. Ce que Budé fait avec le plus de force, c'est la censure sévère de son siècle, qui la mérite à un si haut degré. Erasme, lorsqu'il tance les mœurs, emploie des lénitifs, des collyres, des onguents, en un mot des remèdes plus doux que Budé, qui attaque, par des boissons amères et par des cautères, une maladie déjà fort avancée. Si ces deux hommes eussent écrit l'histoire, Budé représenterait Thucydide, plus que Salluste ; Erasme Tite-Live, plus qu'Hérodote. S'ils devaient écrire un poème, l'un prendrait un ton tragique et héroïque, plus grandiose dans les termes et les expressions; l'autre traiterait la comédie avec plus de grâce, le genre lyrique avec plus de douceur, l'élégie avec plus de tendresse. D'ailleurs ces qualités supérieures, qui ne font défaut ni à l'un ni à l'autre, sont plus à découvert chez l'un, plus cachées chez l'autre. Égaux en résultat, différents d'aspect, Budé, comme on l'a dit avec raison, est né pour le discours, Erasme pour le jugement; l'un a reçu le souffle de Pallas, l'autre est entouré du chœur des Grâces. Erasme nous indique, plutôt qu'il ne nous dit, ce qu'il veut ; Budé par l'abondance immodérée de son langage, étouffe, pour ainsi dire, les semailles sous la richesse du gazon. »

Budé lui-même, dans une lettre qu'il écrivit à Erasme, après avoir discouru sur son propre compte et sur celui de son ami, établit pareillement les caractères qui les distinguent :

« Il y a cette différence entre nous, dit-il, que ce que vous exprimez d'un style familier, gai et enjoué, je le prononce comme un orateur, un déclamateur, d'un ton élevé pour qu'on puisse l'entendre, peut-être même avec une voix un peu trop forte quoiqu'elle ne soit pas effrayante. On peut dire que je fais violence et que j'enlève, tandis que vous vous contentez de commander ; je pénètre avec force, vous vous insinuez avec adresse; je marche armé de toutes pièces, vous ne l'êtes qu'à la légère ; vous portez des coups qui ne semblent pas partir d'un bras très vigoureux, mais dont l'atteinte est certaine ; tous mes nerfs sont en mouvement et cependant je ne frappe pas aussi sûrement que vous. Enfin vous savez mieux que personne les stratagèmes propres à une surprise, ce qui est nécessaire pour former un siège, pour soutenir un assaut, vous êtes très exercé dans les disputes philosophiques ; pour moi sans employer ni ruses, ni finesses, je vais avec impétuosité à mon but. »

Le poète Nicolas Bourbon, qui compara Erasme à Budé, exprime, dans son parallèle entre ces deux hommes, une opinion assez voisine de celle de Longueil. C'est ce que témoignent ses vers où il dit que le premier est plus séduisant, le second plus entraînant[1].

Vivès, admirateur de tous les deux, n'a pas osé trancher la question de savoir lequel est supérieur. Il s'est contenté de dire que c'était un esprit dans deux corps[2].

---

[1] Scis quid ab Hollando Francus Budæus Erasmo
  Differat? Hic dictis allicit, ille rapit.
    Nicolai Borbonii Nugarum, Lib. II, Carm. 67.

[2] Epist. 17, Lib. 12.

Erasme rendait lui-même volontiers hommage au talent de Budé, et c'était un suffrage que celui-ci était loin de dédaigner. Son ami François de Loin lui dit un jour : « J'ai à vous annoncer une chose qui vous regarde et qui vous sera très agréable. Voici votre éloge fait par une autorité qui égale pour vous celle du Sénat romain. Erasme non seulement lit, mais vante vos ouvrages. » Et en même temps il lui montrait le livre le plus récent du savant hollandais.

CHAPITRE VII

CORRESPONDANCE DE BUDÉ

On ne connaît qu'imparfaitement un écrivain si l'on n'a lu de lui que les ouvrages destinés au public. Quiconque veut pénétrer plus profondément dans la connaissance de l'homme, doit étudier ses écrits plus intimes, sa correspondance entre autres. Les livres publiés par un auteur nous permettent d'apprécier son degré de culture intellectuelle, nous font connaître ses théories scientifiques, philosophiques ou religieuses. Mais le biographe peut trouver des renseignements plus précieux dans les lettres familières, qui, dans la pensée de l'écrivain, n'étaient pas d'abord destinées à la publicité. Là l'auteur disparaît en quelque sorte pour ne plus laisser que l'homme intérieur : il s'y révèle tout entier, il y est véritablement lui-même. Nous n'aurons garde de négliger, pour Budé, cette source précieuse de renseignements, bien que les détails intimes soient plus rares dans ses lettres que dans celles d'autres savants de la même époque.

Malheureusement, il faut le dire, nous n'avons qu'une faible partie de la correspondance de Budé. Le recueil de ses lettres, qui fut augmenté dans les éditions successives, parut pour la première fois en 1520[1]. L'édition la plus complète

---

[1] M. Garetta, membre de la Société rouennaise des bibliophiles, a eu la généreuse pensée de nous faire présent de l'édition originale des Lettres de Budé : *Epistolæ Gulielmi Budæi Regii secretarii*. Le titre porte : « *Venundantur in officina Jodoci Badii* » avec la marque du dit Josse Badius, célèbre imprimeur, et l'inscription : Prelum Ascensianum. 1520.

Cet exemplaire provient de la bibliothèque d'un gentilhomme espagnol, le marquis d'Astorga. Il se compose de cent trente et un feuillets, y compris le titre, de format in-8°. La tranche est dorée et gaufrée. Le volume est dérelié; cependant le dos et les plats pourraient facilement être restaurés et sont de l'époque du livre. Sur les plats on remarque la trace de huit cordonnets de soie destinés à tenir le volume bien fermé; sur le fond olive se dessinent des filets dorés à froid formant encadrement; au centre des fleurs de lys.

Sur l'un des plats se trouvent les initiales suivantes :

est celle d'Episcopius. Toutes ces lettres ne se rapportent qu'à une période de cinq ou six ans, de 1516 à 1522, autant du moins qu'on peut le conjecturer, car la plupart sont sans date. L'édition publiée par Toussain, avec l'autorisation de Budé, aurait pu être excellente. Mais on a reproché avec raison à l'éditeur de n'avoir pas éclairé les points quelquefois obscurs de la vie de notre savant, au moyen de quelques notes historiques ; elles eussent fait là meilleure figure que ses annotations grammaticales. Ces notes historiques auraient pu jeter un jour utile sur les rapports de Budé avec ses contemporains.

La correspondance de Budé comprend cinq livres de lettres latines et un livre de lettres grecques[1]. Ces missives sont adressées à divers savants de l'époque, parmi lesquels on distingue surtout Erasme, et c'est lui qui nous occupera tout d'abord.

Un jour, à la cour de France, comme on par-

E. G. B. D. A. (Epistolæ Gulielmi Budæi, etc.) Que M. Garetta reçoive ici l'expression de notre sincère gratitude pour ce précieux don.

[1] Les lettres grecques furent traduites en latin par Antoine Pichou, en 1574.

lait d'Erasme, de Budé et d'autres encore, François Ier annonça que son intention était d'attirer dans son royaume les hommes les plus distingués de l'étranger. G. Petit, confesseur du roi, qui était présent à cet entretien, dit que le premier savant qu'on devait appeler était sans contredit Erasme; il ajouta que Budé pouvait très bien négocier l'affaire, car, rapprochés par leurs études, ils étaient liés d'étroite amitié. D'autres interlocuteurs, en particulier François de Rochefort, ancien précepteur du roi, appuyèrent cet avis.

Chargé de cette négociation, Budé eut soin de diminuer sa responsabilité, en disant à Erasme qu'il était intermédiaire, mais non garant, de la promesse royale qui, soit dit en passant, assurait au savant hollandais un bénéfice de mille livres.

Budé conseillait cependant à Erasme d'accepter la proposition du roi, premièrement parce qu'ils auraient la satisfaction de vivre ensemble, secondement parce que c'était une occasion de faire fortune et de parvenir aux honneurs et à la considération. Après avoir fait un grand éloge de son prince, il ajoute que l'ambassadeur du roi à est Bruxelles avait déjà dû l'entretenir de ce sujet ; qu'il croyait que Guillaume Cop, premier médecin de la cour, lui en écrivait, et le roi lui-même. « Au reste, disait-il, avant de venir en France, prenez vos sûretés par le ministère du Père Confesseur, car je serais fâché que vous fussiez pris pour dupe dans cette négociation. Vous feriez plaisir au prince et vous feriez très bien de lui écrire une lettre de remerciement, quelque parti que vous preniez. »

En terminant, Budé souhaite que la terre s'ouvre pour engloutir « ces corneilles criardes à qui la gloire d'Erasme crevait les yeux ; » et il lui explique en grec, de peur d'accident, « que ces corneilles étaient des théologiens. » On sait en effet que Budé envisageait ces derniers comme les ennemis de la renaissance des lettres.

Ce n'étaient pas seulement les théologiens qui étaient offusqués de la réputation d'Erasme. La plupart des savants français n'acceptaient pas volontiers l'idée de voir le savant hollandais s'établir à Paris.

Plusieurs vinrent trouver Guillaume Budé, pour lui représenter que si Erasme acceptait une place en France, lui-même et les autres savants du Royaume en recevraient un tort immense, et verraient la considération dont ils étaient entourés diminuer sensiblement. Ils ajoutaient que la venue d'Erasme aurait le grave inconvénient de faire croire qu'il n'y avait que lui qui pût relever les lettres. Nous trouvons ces détails dans une missive de Budé à Erasme, dans laquelle cette confidence est écrite en grec. Budé, qui était au-dessus de telles mesquineries, reçut avec mépris de pareilles insinuations; il répondit que dans toute cette affaire il exécuterait ponctuellement les ordres du roi, et que c'était de la meilleure grâce du monde qu'il s'acquittait de son mandat.

François Ier avait donné à Budé, en le chargeant de cette mission, une grande marque de confiance à laquelle il répondit noblement; il n'eut aucune arrière-pensée vis-à-vis d'Erasme, qui était pourtant un rival, et l'on peut dire que ses instances auprès de lui furent sincères et pressantes.

« En vous attirant ici, lui écrit-il, je donne à mon pays l'empire des Lettres, j'approche de moi mon ami et j'obéis au Roi. »

Cette négociation fut, pendant le cours des années 1517 et 1518, une affaire qui préoccupa sérieusement la Cour de France. La première réponse d'Erasme demandait un délai, le temps de réfléchir. Budé porta au roi cette missive. Du plus loin que le prince le vit, il lui cria : « Avez-vous des nouvelles d'Erasme? » Il lut la lettre précipitamment. — « Mais, dit-il d'un air inquiet, ne vous mande-t-il rien de plus précis? Ce n'est pas là parler nettement! » Budé proposa d'écrire une nouvelle missive. « Oui, sans doute, dit le roi, il le faut. » Et il lui fit aussi écrire par Cop.

Sur ces entrefaites, on eut un moment l'espoir qu'Erasme allait venir en France, sinon à Paris.

Le savant hollandais était, comme l'on sait, d'un tempérament délicat. Il crut s'apercevoir à Bâle que le vin de Bourgogne était favorable à son estomac; aussi voulut-il aller s'établir dans la patrie de ce bon vin. Sur la demande de Budé et du Cardinal de Lorraine, François Ier s'empressa de lui accorder le passeport nécessaire; et, la première fois qu'il vit Budé après l'expédition de cette pièce, il lui dit avec un air de triomphe : « Eh bien! nous aurons bientôt Le Fèvre chez nous. » — « Le Fèvre, répartit Budé, mais nous l'avons toujours eu! » — « Non, dit François Ier reconnaissant sa méprise, c'est Erasme que je veux dire. »

Le voyage de Bourgogne, qu'Erasme avait projeté dans l'espoir que sa santé ébranlée se rétablirait sous l'action bienfaisante du vin français, n'eut finalement pas lieu ; mais le roi cependant nourrit toujours l'espoir de conquérir Erasme.

A cette époque l'évêque de Paris, Poncher, qui avait connu Erasme lors de son séjour à Bruxelles, revint à la cour. Il ne cessait de parler du savant hollandais, dont le nom revenait dans tous ses discours. Il vantait à chacun son génie, son éloquence, son savoir. Budé ne manqua pas d'informer Erasme du zèle ardent que l'évêque de Paris témoignait à son endroit, et insista pour vaincre ses irrésolutions. En le pressant de fixer lui-même ses conditions au roi, il descend avec lui jusqu'aux moindres détails, il combat toutes les objections, il lui offre de le renvoyer à Poncher et au confesseur royal pour tout ce qu'il préférera leur confier plutôt qu'à lui, ou pour les services qu'ils seront plus capables de lui rendre.

« Celui qui vous invite, écrivait Budé, ce n'est pas seulement un roi de France, c'est François I*ᵉʳ*, dont le règne promet d'être grand, un prince instruit dans les lettres, éloquent dans sa propre langue, spirituel, gracieux, affable, merveilleusement doué du côté du corps et de l'âme. Il est riche, libéral, non moins qu'aucun souverain du monde. Autant qu'on peut le conjecturer, il veut fonder une belle institution qui consacrera dans l'avenir l'utilité des arts libéraux et immortalisera son règne. Vous avez pour garant des promesses royales un de vos partisans dévoués, conseiller sacré du prince, Guillaume Petit, qui plaidera auprès de lui la cause de tous les savants, stipulera pour eux et rappellera sans cesse au monarque ses nobles desseins. Vous aurez aussi un protecteur dans l'évêque de Paris, Étienne Poncher, personnage aussi instruit que vertueux, illustré par des ambassades diverses, homme d'État consommé, soutien empressé des savants, et à ce titre renommé même en Italie. »

Mais Érasme, toujours indécis, ne fit qu'une réponse évasive.

« Énumérer tous les motifs qui l'engageaient ou le détournaient, était trop long. Il ne pouvait rien répondre de positif, avant d'avoir conféré avec le chancelier de Bourgogne, qui était absent. Dès qu'il lui aurait parlé et qu'il aurait consulté ses amis, il répondrait franchement. La France lui avait toujours été chère à bien des titres; mais elle lui était plus chère encore puisqu'elle possédait Budé. Il ne se croyait pas étranger à elle, car les géographes plaçaient la Hollande dans la Gaule. Bien souvent il avait remarqué combien les Guillaume avaient de place dans sa destinée. A dix ans il avait aimé un camarade de jeu qui portait ce nom; à quinze, il chérissait un autre Guillaume plus que lui-même. Guillaume Hermann l'avait remplacé. Guillaume Montjoye, Guillaume Latimer, Guillaume Grocin, Guillaume Warham, Guillaume Cop, Guillaume Budé, Guillaume Petit, n'épuisaient pas la liste des Guillaume vraiment prédestinés pour lui. »

Comme les lettres d'Erasme laissaient toujours ses intentions dans l'incertitude, l'évêque de Paris, rencontrant un jour Budé, lui demanda s'il ne croyait pas que l'on pût faire à Erasme des propositions qui fussent de nature à le déterminer à venir en France. Budé répondit que, si le roi avait encore cette affaire très à cœur, il s'offrait d'en écrire de nouveau à Erasme, « bien que de l'humeur dont il le connaissait, ajouta-t-il, il ne voulût pas même d'un bon évêché, s'il fallait commencer à vivre à la Cour. » Poncher, qui était fort occupé, chargea donc Budé d'écrire à Erasme afin de tirer au clair ses dernières résolutions ; en même temps il promit de conduire lui-même cette affaire à la Cour. A la suite de cette conversation, Budé reprit la plume, et écrivit à Erasme, à qui il demanda franchement quels émoluments il désirait. Il l'assurait que bientôt il aurait un Bénéfice, si l'on en croyait l'Évêque de Paris. Il lui conseillait d'en conférer avec ses amis, de faire savoir ses conditions à Poncher, en un mot de dire ce qu'il exigeait pour ses appointements et son déplacement. Voici quelques passages de cette lettre, dont le ton froissa malheureusement Erasme.

« Allons, ô homme un peu superbe, voyez, délibérez, décidez, si vous voulez être des nôtres, et cessez de faire le dédaigneux, comme dit le comique. Quel salaire demandez-vous pour consentir à passer chez nous votre vieillesse ? Votre venue doit combler de joie beaucoup de Français habiles dans les deux langues, moi surtout qui serai heureux d'entendre quelquefois votre spirituel badinage. Vous avez donc sacrifié aux Grâces, pour avoir conquis l'admiration et la faveur de

l'évêque, esprit si fin, dans un commerce de quelques jours. Le charme de votre style, la gaieté séduisante qui règne dans vos ouvrages, plaisent infiniment à notre nation, qui se plaint de ne pas les trouver dans ses écrivains. Aussi malheur aux Français qui s'attachent à l'éloquence, s'ils écrivent seulement pour les Français, auprès de qui leurs compatriotes sont rarement illustres. »
Erasme ne reçut que le 1er septembre 1518 cette lettre de Budé, datée du 12 Avril. Cette missive, qui lui était retournée de Gênes, l'atteignit à Bâle où il était encore. Fort mécontent de son contenu, il écrivait à Cuthbert Tunstall : « Je regrette de ne pas trouver dans cette lettre le sens commun. Mais j'en suis moins blessé, car je connais particulièrement le caractère de l'homme. »

Puis il écrivit à Budé :

« Votre lettre est telle que la dignité de l'un et de l'autre commande peut-être de la faire disparaître ou de la tenir secrète. Je crois avoir découvert la nature particulière de votre esprit, et je ne doute pas que ce que vous avez écrit ne parte d'un cœur sincère; mais je crains de ne pouvoir en convaincre également les autres. Que sera-ce donc si cette lettre parvient à la postérité? Rhenanus, homme docte, d'un jugement sain et d'une merveilleuse candeur, m'en a fait lecture après souper. Je ne veux pas rapporter son jugement, quoique je l'eusse prévenu de la liberté un peu grande que vous preniez dans la plaisanterie familière. Rivaliser d'injures n'est pas digne d'un homme de cœur ; lutter de railleries n'est pas de mon goût. Je pourrais l'emporter sur vous par les raisonnements solides autant que vous m'êtes supérieur par l'appareil du langage, même au jugement de vos amis les plus dévoués ; mais j'aime mieux votre seule amitié que dix victoires semblables. C'est assez d'une apologie, c'est même trop. »

Cependant Érasme ne garda pas rancune à Budé, et leur correspondance reprit bientôt sur un ton plus amical. Mais le savant hollandais restait toujours indécis. Nous voyons que les tractations durent encore en 1524. On essaie de le décider en faisant briller à ses yeux la perspective d'un évêché, ce qui semble peu le toucher :

« Les Évêchés que Sa Majesté me promet ne me tentent pas, écrit-il à François Dumoulin, évêque de Condom. Ils m'épuiseraient du peu d'argent que j'ai, m'engageraient dans des dettes et m'enlèveraient cette liberté sans laquelle je ne pourrais pas vivre trois jours. » Au fond, malgré les espérances qu'Erasme laissait à ses amis de France, il n'eut jamais l'intention bien ferme d'y venir. Tout à coup les démarches cessèrent. François Ier, absorbé par d'autres préoccupations, et peut-être impatienté par tous ces délais, ne songea plus à Erasme. Celui-ci fut sans doute sensible au changement qui s'était produit dans les dispositions de la cour de France à son égard, mais il dissimula sa déception :

« Je ne me suis jamais mis en peine de cette affaire, écrit-il à Budé. Si jusqu'à présent la fortune m'avait enchaîné aux faveurs des cours, à défaut de mon âme qui eut toujours pour ces théâtres un éloignement invincible, mon âge du moins et ma santé me forceraient à demander mon congé. Si j'avais voulu m'attacher au service d'un prince, quel monarque pouvait paraître préférable au roi catholique, le plus puissant potentat de l'époque, mon propre souverain, qui de lui-même m'avait offert d'assez belles conditions avec une bienveillance peu commune? Toutefois, j'aurais cru agir avec ingratitude et incivilité, si j'avais rejeté orgueilleusement la faveur de François Ier, un si grand prince. »

Nous avons voulu suivre jusqu'au bout ces longues négociations faites en vue d'attirer Erasme à Paris. Mais ce ne fut pas le seul objet de la correspondance entre les deux savants. Nous les voyons échanger de nombreuses lettres sur toutes sortes de sujets. Toutefois cette amitié épistolaire fut parfois troublée par quelques orages. Budé avait souvent la plaisanterie un peu lourde, et Erasme était susceptible : de là des brouilles passagères et des échanges de paroles aigres-douces.

C'est ainsi qu'un jour Budé avait reproché à son ami de s'occuper de minuties[1], qu'il devrait, disait-il, laisser aux esprits médiocres. Erasme, choqué, répondit ironiquement qu'il sentait n'être point fait pour le grand. Son esprit était petit comme son corps.

Budé, en voulant se disculper, ne fut pas très heureux, car après avoir dit qu'il avait eu en vue certains écrits de peu de valeur que la postérité traiterait d'apocryphes, « comme le recueil des Similitudes, quelques traductions et même le traité de l'Abondance oratoire, » il ajouta :

---

[1] Δεπτολογήματα.

« Vous avez voulu être polygraphe, mais tant de petits écrits ne peuvent que ternir quelque peu l'éclat de votre nom. »

Erasme lui répondit avec malice : « Ce que vous pensez de l'Abondance et d'autres écrits est également vrai pour tous mes ouvrages. Les Adages, pour être plus volumineux, n'ont pas un sujet plus relevé, et pourtant j'ai surpassé mes prédécesseurs. Je sais mesurer mes forces et votre amitié les exagère. J'écris pour les enfants et les ignorants. J'aime à mettre ma philosophie en de petits sujets, souvent moins frivoles et plus utiles que les matières les plus brillantes. Beaucoup de gens font grand cas du traité de l'Abondance, si mince à vos yeux comme aux miens, affirmant que je n'ai rien écrit de plus habile et de plus habilement traité. Vous corrigez votre expression comme Aristophane dans le passage connu : « Tu n'as pas dérobé, mais tu as ravi. » Puis il ajoutait : « A Budé la science parfaite et la sublimité de l'esprit; à Budé, rival d'Hermolaüs[1] et de Pline, et non point à Erasme

---

[1] Hermolaüs Barbaro, fameux savant vénitien du XVme siècle.

enfant de la Batavie.... Budé n'est pas un Lucullus, ignorant de ses richesses, mais un père de famille aussi diligent que riche, dont tous les trésors sont classés et mis en ordre, ayant sous sa main des tables faites avec soin, et à sa disposition la plus heureuse mémoire. Quelquefois un lecteur difficile pourrait désirer des apprêts plus simples. Fuyant dans la pensée et dans l'expression tout ce qui est vulgaire, cherchant l'éclat et la profondeur, sans jamais se détendre, il ne peut guère être goûté que d'un lecteur aussi attentif qu'instruit, et qui éprouve presque plus de fatigue à lire que l'auteur à composer. Passionné pour les métaphores et les comparaisons brillantes, qu'il suit fort longtemps, il paraît s'éloigner de la simplicité naturelle ; et son style, au lieu d'être parsemé de pierres précieuses, n'est qu'un assemblage de diamants. Pourtant le naturel, comme par une sorte d'affinité, a un charme secret et tout-puissant sur le cœur et sur l'esprit des hommes. »

Après ce duel épistolaire, Erasme, craignant d'aller trop loin et de blesser profondément Budé, déclare qu'il vaut mieux mettre un terme à ce genre de correspondance et ne traiter à l'avenir que des sujets sérieux.

« Il me semble, dit-il, ô le plus sage des hommes, que le mieux sera de laisser tout à fait de côté ces plaisanteries toutes françaises, mêlées de fiel et à double sens, pour ne nous écrire désormais que des choses dignes des Muses et des Grâces, de l'amitié et de la science. Jetons l'oubli sur tout ce qui a été dit et fait jusqu'à présent. »

Budé, bien qu'il eût été piqué par la lettre d'Erasme, répondit en termes assez conciliants :

« Il avait éprouvé beaucoup de plaisir en recevant une lettre attendue depuis longtemps, mais le contenu ne lui avait pas été aussi agréable. D'abord, voyant le commencement écrit en grec, cette nouveauté l'avait surpris. Dans son empressement il s'était mis à parcourir la lettre avec rapidité ; et, pendant cette lecture, rougissant, pâlissant, souriant, grinçant des dents, s'impatientant et jugeant froidement tour à tour, s'épanouissant de joie, se resserrant de tristesse, tantôt il voulait cesser la lutte, tantôt il avait envie de guerroyer encore. Enfin, après avoir tout pesé dans la balance, il s'était arrêté à une résolution agréable et sage. Se rattachant à une amitié si chère, il s'était rappelé qu'il devait moins tenir compte des reproches d'Erasme qu'apprécier la bienveillance et l'affection de son cœur. Il avait songé aussi aux fautes qu'il avait pu commettre contre le Dieu protecteur de l'amitié et il devait les racheter par un grand sacrifice. Il acceptait de bon cœur la loi d'oubli proposée par Erasme. Il demandait seulement la permission d'attester avec serment, devant amis et ennemis, que tout ce qu'il avait pu dire ou écrire était l'effet d'une certaine ardeur de controverse et non d'une opposition chagrine et malveillante. Il regrettait seulement qu'Erasme eût jugé à propos de revenir sur le passé, car s'il voulait s'opiniâtrer à son tour et se laisser aller à la chaleur de son âme, la querelle serait sans fin. Mais s'apercevant qu'il recommençait des récriminations inopportunes, il disait avec raison : Celui qui a regret de s'être laissé aller aux contestations, s'il ne sort pas tout à fait de ce champ de dispute, n'évitera pas d'y retomber. »

Peu de temps après, Budé écrivit de nouveau à Erasme, qui l'avait accusé de tenir un langage à double sens. Dans cette lettre, écrite moitié en latin, moitié en grec, il dit que, si Erasme veut être sincère, il reconnaîtra ce langage à double sens dans ce qu'il a écrit le premier à son sujet sous forme d'éloge. Il lui signale certaines lettres, où des amis d'un jugement fin lui ont indiqué des passages très mordants à son endroit. Budé cite, entre autres, l'autorité d'un Italien qui lui faisait remarquer la malveillance d'Érasme. Ce dernier se disculpa d'une telle imputation, assurant Budé que jamais il n'avait médit de lui, pas même au milieu des conversations familières, « pas même à table où échappe souvent ce qui sied et ce qui ne sied pas. »

« Je ne sais, ajoutait-il, de quel prix est pour vous cet Italien au regard pénétrant, qui s'est donné le soin de vous montrer, comme à un homme peu clairvoyant, des passages écrits par moi à double sens. Quant à moi, nul assurément n'obtiendra ma reconnaissance pour de tels offices.... Portez-vous bien, ô grand protecteur, ô ami incomparable. »

Toute la lettre était écrite sur un ton railleur, qui n'était guère fait pour ramener Budé à des sentiments de conciliation.

« A quoi bon, du reste, disait-il, confesser mes

fautes, lorsque vous avez fait la confession de tous deux et surtout la mienne. Comment ne céderais-je pas volontiers la palme du génie, de la science, de l'éloquence grecque et latine, à Budé, le Milon du siècle dans la palestre littéraire ? Mais je ne lui céderai pas aussi volontiers la palme de la candeur et de la bienveillance. Sur ce terrain, je veux être tenu au moins pour son égal. Toutefois vous arrachez aussi de force cette palme, tant il est vrai que vous êtes invincible en tout, ô noble lutteur ! »

A cette lettre pleine d'ironie, Budé répondit en ces termes :

« D'abord, homme très cher, je demande avec prière à tous ceux et à toutes celles qui habitent le ciel, que la bienveillance dont je suis toujours plein pour vous, je l'obtienne de vous-même aussi grande ; ensuite que ce qui est le plus dans notre intérêt et à l'avantage de notre piété et de notre gloire, la divinité nous le suggère. Or, ceci consiste non seulement à nourrir l'un pour l'autre une bienveillance mutuelle, mais à rester fidèles à la loi d'oubli, posée entre nous. »

Dans le cours de la même missive, Budé promettait solennellement de respecter cet engagement. C'est pourquoi, disait-il, il ne répondait pas aux sarcasmes de son ami, estimant que c'était le seul moyen d'en finir avec ce monstre sans cesse renaissant. Puis il donnait un démenti formel aux reproches qu'on lui faisait d'employer un langage à double sens. Il n'était pas, après tout, responsable des paroles inconsidérées et médisantes de ses partisans. Il écouterait moins désormais les dénonciations et les faux rapports. Souvent il s'était laissé tromper par un excès de candeur. Quant à cette palme de la science qu'Erasme lui cédait, il la refusait. Enfin il reproche à ce dernier la parole qu'il avait dite : « Que veut donc Budé? Je lui ai déjà cédé la place et je lui abandonne encore le premier rang dans la science. Veut-il que je devienne même son parasite? — Moi, disait Budé, en être venu à ce degré d'insolence! Moi avoir conçu une telle pensée! Non certes, quand même j'aurais été votre supérieur et l'auteur de votre fortune. Vous avez cru légèrement là-dessus les colporteurs de nouvelles. Nous devons purger notre âme de ces petites défiances. Tel est mon avis. »

Ainsi finit pour un temps cette passe d'armes épistolaire qui montre que si l'amitié d'Erasme et de Budé ne fut pas à l'abri de certains orages, ils ne furent cependant jamais des ennemis acharnés. C'étaient deux nobles rivaux, qui s'estimaient et s'aimaient intérieurement. Et lorsque Longueil s'étonna de ce que François I⁰ʳ semblait préférer Erasme à Budé, le savant hollandais répondit modestement : « Le roi ne m'a point donné la préférence, il n'a voulu que réunir deux amis. Le plus grand honneur qu'on puisse me faire est de me mettre à la suite de Budé. Je suis trop loué dans votre parallèle, il l'est trop peu. » Ailleurs il écrit : « Quoi que puisse dire et faire Budé, Erasme sera toujours son ami. » Dans une nouvelle édition de son Cicéronien, il supprima de bonne grâce un parallèle entre Badius et Budé, qui avait offensé ce dernier. Voici ce qu'il lui écrivait vers le même temps : « Je ne craindrais pas d'attester par le serment le plus sacré qu'il n'y a personne qui juge avec plus de bienveillance ou qui loue plus magnifiquement le génie, la plume et la science de Budé. Les ennemis des Muses, dans presque tout l'univers, sont d'un merveilleux accord et joignent leurs forces : nous n'en devons être que plus unis entre nous. Quant à la lettre qui paraît vous avoir blessé, je ferai ce que vous voudrez, prêt à la détruire ou à l'adoucir. » Enfin Erasme écrivait à Ruzé, qui était alors ambassadeur du roi de France à Liège : « J'apprends que Budé est quelque peu irrité contre moi, pour une lettre qui lui semble un peu trop libre ; mais je le crois homme trop sage pour s'émouvoir sérieusement d'un mot déplacé ou trop franc. Je le juge ami trop constant pour cesser de l'être à cause d'une légère offense de cette espèce. »

D'un autre côté, Budé nous donne, dans sa correspondance, bien des preuves de l'estime qu'il éprouvait pour Erasme. S'il critique avec vivacité certains de ses écrits, il lui adresse dans d'autres occasions des éloges parfois pompeux. Il le compare à ces athlètes qui ont remporté le prix dans toutes les luttes ; il assure qu'Erasme a donné des preuves de son génie dans le sacré, dans le profane, en un mot dans le cercle de sciences qu'on appelle Encyclopédie. « Vous êtes présentement, lui écrit-il, au sommet de la gloire, et personne ne pourra jamais vous en faire descendre[1]. »

[1] Epist. 52, Lib. V.

Les lettres adressées à Erasme[1] forment assurément la partie la plus intéressante de la correspondance de Budé. Il en est d'autres cependant qui mériteraient d'être citées, si l'espace nous le permettait. Dans le recueil, pourtant bien incomplet, des lettres de notre savant, nous trouvons une foule de noms, les uns illustres, comme ceux de Thomas Morus, Pierre Bembo, Sadolet, d'autres aujourd'hui peu connus, tels que Guillaume Main, Pacæus, Linacre, Tonstall, etc.

Guillaume Main, savant helléniste, était né à Loudun en Poitou. Il fit d'abord l'éducation des fils de Guillaume Budé, de qui il avait reçu lui-même des leçons de grec ; plus tard il devint lecteur de Marguerite d'Angoulême, puis précepteur des enfants de France. Il fait part à Budé du plan qu'il suit dans ses leçons. Celui-ci lui répond, approuvant sa méthode et lui donnant d'excellents conseils pratiques. Il lui recom-

---

[1] Outre la correspondance de Budé, voir pour ses rapports avec Erasme, le savant ouvrage de M. Durand de Laur, intitulé : « *Erasme précurseur et initiateur de l'esprit moderne,* » 2 vol. in-8°, Paris, Didier, 1872.

mande de faire tous ses efforts pour exciter chez ses élèves cette émulation pour les bonnes études, qui s'allume de toutes parts, et que justifie la faveur toujours croissante qui s'attache au savoir.

Olivier de Lyon, d'abord sous-maître des grammairiens au Collège de Navarre, et ensuite grand-maître et chef de cette institution, est loué par Budé comme travaillant à faire revivre l'élégance de la littérature antique dans la plus illustre école de Paris. Plus tard, lorsque ce même Olivier voulut fonder à Lyon une école pour l'étude des langues anciennes, il consulta Budé sur l'organisation de cet enseignement classique. Celui-ci répondit en insistant sur les soins qu'on doit apporter aux lectures. Selon lui il faut lire les poètes et les prosateurs les plus anciens et les meilleurs ; il trouve bon qu'on mémorise le texte de quelques-uns, et, notez ceci, « qu'on passe seulement les endroits qui ne sont pas assez purs et assez chastes pour les oreilles des enfants ; » il ne s'oppose pas à ce que ces derniers étudient les auteurs modernes qui ont écrit des ouvrages marqués au coin du bon goût. Le but des études n'est-il pas de former des orateurs et des écrivains élégants? Pour cela il faut se mettre à l'œuvre et opérer une révolution.

« Très docte Olivier, je n'ai pas été médiocrement réjoui en apprenant que tu avais commencé à créer et organiser un gymnase, avec des éléments supérieurs, de telle façon qu'il répondra vite à l'éclat de ton nom et de ta réputation ; je suis bien persuadé que d'autres écoles ne tarderont pas à suivre l'exemple de celle que tu fondes dans cette ville illustre ; et je ne doute pas non plus de voir l'ancien éclat dont brillait l'école autrefois, lui être rendu lorsque, sous ta direction, on enseignera dans ton gymnase la meilleure méthode pour l'éducation de la jeunesse. »

Nous voyons Budé correspondre avec les fils de son ami Robertet. On cite à ce propos une anecdote charmante. Un soir Budé entre chez ce dernier où il était attendu à souper. A peine assis il reçoit des mains de ses hôtes une lettre qu'il ouvre : c'était une épître en grec ! Budé est à la fois tout ému et tout joyeux en découvrant au bas de la lettre la signature des fils de Robertet, qui lui ont ménagé cette surprise. Il leur promit de leur répondre en grec et n'oublia point sa promesse.

Une note dominante dans la correspondance de Budé, c'est le désir ardent de pousser la jeunesse aux études classiques. Il revient sans cesse sur les obstacles qui entravent encore la science philologique. Il trouve que le roi s'y montre trop indifférent. Écrivant à Richard Pacæus, en 1518, il dit que « les Anglais sont heureux d'avoir un prince ami des lettres. En France le roi actuel, malgré toutes ses heureuses qualités, n'est pas véritablement un lettré et s'occupe peu de hâter le progrès des bonnes études, absorbé qu'il est par d'autres préoccupations. »

L'instruction première de François Ier, en effet, avait été assez négligée. Il n'était pas même en état de lire le grec, comme nous le voyons par une lettre où Budé raconte à Lascaris qu'étant au souper du roi, il avait montré au prince l'épître que son savant ami lui avait adressée. François Ier demandant ce que c'était que ce papier, Budé lui répondit que c'était une lettre de Lascaris.

« Voyons-la, » dit le roi ; mais une fois la lettre entre les mains, il reconnaît qu'elle est écrite en caractères illisibles ; Budé offre alors de la traduire. C'était du grec. Il l'a traduite, et le roi a écouté attentivement. Les courtisans étaient, paraît-il, fort ébahis : ils applaudirent et Budé reçut là beaucoup d'honneur. Il était, dit-il plaisamment, comme un singe au milieu des ânes¹. »

Nous avons vu plus haut quels furent les rapports de Budé avec Lascaris. Ils eurent sans doute l'occasion d'échanger de nombreuses lettres, mais très peu nous sont parvenues. On conserve, à la Bibliothèque Nationale de Paris, une lettre latine autographe de Budé à Lascaris.

Elle est adressée « A mon très cher seigneur et amy messire Janus Lascaris, conseiller du roy à Millan². »

Après avoir exprimé la joie qu'il a éprouvée en recevant une lettre de son correspondant, écrite le 13 janvier, et lui avoir répété comme il aime à porter son souvenir vers un aussi excellent ami, il lui parle des livres qu'il faisait acheter ou copier.

« Transmets toutes mes salutations, dit-il, à notre cher Démétrius, près de qui je t'estime

---

¹ Ἐν ὄνοις, φασί, πίθηκος.

² Écrite le 15 mars, cette lettre ne porte pas l'indication de l'année.

heureux de vivre; plût au ciel que je fusse en état de lui rendre quelque service, quand bien même notre éloignement ne lui permet pas, à lui, de m'être utile.

« J'ai vingt et une feuilles de Plutarque; il me manque les suivantes à partir de la vingt-deuxième; mais il ne me semble pas qu'elles doivent être très nombreuses. J'ai acheté un autre exemplaire d'Arrien : il est donc inutile que tu me l'envoies. J'ai chez moi un de tes livres, une très ancienne dialectique d'Aristote, que je ne tiens pas de ta main, mais qui m'a été rendue pour toi, sur mes réclamations. »

Plus loin il indique les ouvrages de Galien dont il voudrait avoir copie.

Plus loin encore il se plaint de souffrir de la goutte.

Ailleurs il lui envoie les compliments de son ami Jean Morlet que Lascaris a vu à Venise.

Nous avons eu l'occasion, dans le cours de notre travail, de citer plusieurs des autres correspondants de Budé : Nicolas Bérauld, Jean Picart, Léonicus, Germain de Brie. Dans les lettres qu'il leur écrit, ou qu'il adresse à d'autres, on reconnaît partout, comme nous l'avons dit plus haut, avec quelle sollicitude passionnée il s'intéressait au progrès des études philologiques. Il écrit au Belge Gillius qu'il est enchanté de sa passion pour le grec, et qu'il l'aidera dans ses études autant qu'il le pourra ; il déclare qu'il est prêt à faire de même pour tous ceux qui cultivent les lettres anciennes. Il encourage de la même manière Pierre Amy et Rabelais, qui appartenaient alors tous deux à l'ordre des moines franciscains.

Budé, que ses fonctions de maître des requêtes suivant la cour amenaient souvent en Touraine, était entré en relation avec Pierre Amy, alors au couvent de Fontenay-le-Comte. Amy lui avait fait connaître Rabelais, et Budé ne manquait pas, dans chacune de ses lettres au premier de ces religieux, d'ajouter un mot flatteur pour le second : « Saluez de ma part votre frère en religion et en science, Rabelais. » — « Adieu, et saluez quatre fois en mon nom le gentil et savant Rabelais, ou de vive voix s'il est près de vous, ou par missive s'il est absent. » Cependant Rabelais aurait voulu recevoir personnellement une lettre du savant helléniste, lettre qu'Amy lui promettait toujours, et qu'il tâchait lui-même de provoquer par des épîtres badines, à grand renfort de grec et de latin. Dans l'une d'elles, qui ne nous est pas parvenue, mais dont Budé, dans sa réponse, a reproduit le sens et probablement les termes, il parlait d'intenter à Pierre Amy une action *de dolo malo*, l'appelant ami trompeur, *amicum dolosum*, qui s'était vanté d'un crédit qu'il n'avait pas, et l'accusant de l'avoir mystifié, lui, homme simple et sans malice, en le compromettant auprès d'un personnage orgueilleux qui, depuis six mois, dédaignait de répondre à ses avances. C'est à cette plaisanterie que Budé répond enfin sur le même ton, rendant grec pour grec et latin pour latin à Rabelais qu'il félicite de son habileté dans les deux langues. Mais il lui reproche, au nom du grand saint François, son patron et celui de son ordre, d'avoir manqué à la charité, l'un des premiers devoirs de sa profession, puisque si par hasard lui, Budé, n'avait pas fait honneur aux promesses de Pierre Amy, celui-ci restait exposé à une action criminelle dont la formule était déjà toute prête. A ce propos, entrant dans la thèse de droit romain que Rabelais s'était amusé à développer, il lui démontre doctement qu'il avait suivi une marche tout à fait vicieuse. « Ai-je besoin de vous rappeler, à vous qui avez étudié le droit (*qui juris studiosus fuisti*), qu'il fallait d'abord essayer de l'action civile, *ex stipulatu*, et que l'édit du préteur n'accorde que subsidiairement l'exception *doli mali ?* » — Puis, pour rendre, dit-il, la pareille à son correspondant, il ajoute en grec : « Que votre compagnon soit donc tout d'abord mis hors de cause, et que le procès entier retombe sur moi. Vous vous étonnez, en jeune homme qui ne doute de rien, que je n'aie pas aussitôt répondu à l'appel fait par vous, et vous prenez feu, vous disant méprisé par moi. Mais ne fallait-il pas préalablement vous assurer que ce grand grief était fondé, savoir si des occupations ne m'avaient pas empêché de vous écrire, etc. ? »

Les biographes qui ont pris au sérieux la querelle de Pierre Amy et de Rabelais et les savantes plaisanteries de Budé, auraient dû être avertis de leur erreur par la phrase qui suit immédiatement le long passage que nous venons d'analyser : « Jusqu'ici *j'ai parlé en badinant*, voulant répondre sur le même ton à tout ce que vous m'avez écrit dans ce style, avec l'intention, je le suppose, de me soutirer une lettre [1]. » Enfin Budé termine par quelques mots plus graves sur son âge et ses occupations, qui ne lui permettent plus d'apporter à ces choses de la science, qu'il aimera toujours, le même loisir et la même ardeur [2].

Toutes ces relations en dehors du cloître supposent, chez nos deux moines lettrés, une certaine indépendance de pensée et d'allures qui était alors dangereuse. Ce fut à ce moment que, en 1523, des perquisitions faites par ordre supérieur dans les cellules de Pierre Amy et de Rabelais amenèrent la découverte de livres grecs qui furent confisqués par le chapitre. Pour tout dire, il est permis de présumer, d'après plusieurs passages des lettres de Budé, que, parmi ces volumes, se trouvaient quelques écrits théologiques et politiques d'Erasme, qui faisaient alors grand bruit et qui, suspects d'incliner au luthéranisme,

---

[1] *Hactenus jocatum me putato, pariaque facere voluisse cum iis quæ tu (ut opinor) jocabunde scripsisti, elicere a me epistolam cupiens.*

[2] Cette longue lettre, sans date, est probablement de 1522.

étaient particulièrement en butte aux antipathies des théologiens de l'ordre de saint François.... Les deux amis furent dépouillés de leurs livres et de leurs papiers, privés des moyens de se livrer à leurs études chéries, mis au secret, et peut-être la persécution aurait-elle été plus loin s'ils n'avaient prévenu par la fuite les mauvais traitements qui les menaçaient. Réfugiés ensemble ou séparément dans quelque autre maison de leur ordre, malades de tourment et d'inquiétude, ils attendirent que l'orage se calmât et qu'il leur vînt quelque secours du dehors.

Lorsque Budé apprit ce que ses deux correspondants avaient souffert *pour l'amour du grec*[1], on peut juger de sa douleur et de son indignation. Voici comment elles s'exhalent en exclamations classiques dans une lettre à P. Amy : « O Dieu immortel, toi qui présides à leur sainte congrégation comme à notre amitié, quelle nouvelle est parvenue jusqu'à moi ? J'apprends que vous et Rabelais, votre Pylade, à cause de votre zèle pour la langue grecque, vous êtes inquiétés et vexés de mille manières. O funeste délire !

---

[1] Ὅγε πολλὰ νῦν καὶ δεινὰ πεπονθὼς ὑπὲρ τοῦ τῶν ἑλληνικῶν ἔρωτος, dit Budé lui-même.

ô incroyable égarement! Ainsi ces moines ont poussé l'aveuglement jusqu'à poursuivre de leurs calomnies ceux dont le savoir, acquis en si peu de temps, devait honorer la communauté tout entière!... Nous avions déjà appris et vu de nos yeux quelques traits de leur fureur insensée; nous savions qu'ils nous avaient attaqué nous-même, comme le chef de ceux qu'avait saisis, ainsi qu'ils le disent, la fureur de l'hellénisme, et qu'ils avaient juré d'anéantir le culte des lettres grecques, restauré depuis quelque temps à l'éternel honneur de notre époque... Tous les amis de la science étaient prêts, chacun dans la mesure de son pouvoir, à vous secourir dans cette extrémité, vous et le petit nombre de frères qui partagent vos aspirations vers la science universelle... Mais j'ai appris que ces tribulations avaient cessé, depuis que vos persécuteurs ont su qu'ils se mettaient en hostilité avec des gens en crédit et avec le roi lui-même. Ainsi vous êtes sortis à votre honneur de cette épreuve, et vous allez, je l'espère, vous remettre au travail avec une nouvelle ardeur[1]. »

[1] Cette lettre est du 24 février 1523; celle à Rabelais, qui suit, est évidemment à peu près de la même date.

La lettre de Budé à Rabelais est conçue dans des termes analogues. Il s'excuse de n'avoir pas répondu à plusieurs lettres que Rabelais dit lui avoir écrites, et dont il déclare ne se rappeler qu'une seule depuis environ douze mois; après des témoignages de vive sympathie pour les maux que les deux amis ont soufferts, viennent des félicitations de ce que ces persécutions ont eu un terme : « J'ai reçu d'un des plus éclairés et des plus humains d'entre vos frères, et je lui ai fait affirmer sous serment la nouvelle qu'on vous avait restitué ces livres, vos délices, confisqués sur vous arbitrairement, et que vous étiez rendus à votre liberté et à votre tranquillité premières. »

Il est à présumer que les relations continuèrent entre les deux jeunes moines et le savant helléniste qui s'intéressait si vivement à eux. Mais la correspondance de celui-ci ne nous fournit pas d'autres renseignements à cet égard [1].

On le voit s'intéresser aussi, non seulement

---

[1] Voir, pour ces rapports de Budé avec Pierre Amy et Rabelais, l'excellente *Notice* de M. Rathery, en tête de l'édition de Rabelais qu'il a donnée en collaboration avec M. Burgaud des Marets (2 vol. in-12, Paris, *Didot*, 1870, 2ᵐᵉ édition).

à la rénovation des études profanes, mais aussi aux lettres sacrées. Il insiste sur le puissant secours que la théologie elle-même peut trouver dans la philologie. Dans une lettre du 19 mai 1517, il parle à Tonstall [1] des effets produits à Paris par la publication du Nouveau Testament grec d'Erasme. Grâce aux travaux de celui-ci, les lettres sacrées recouvrent leur ancienne splendeur et la vérité sainte sort des ténèbres où elle était plongée. Budé se réjouit de voir la théologie entrer dans cette voie.

Il échangea aussi plusieurs lettres avec Claude Chansonnette, jurisconsulte messin, né à la fin du quinzième siècle, homme distingué qui fut mêlé aux grandes affaires de son temps, à la politique et à l'administration de l'Empire, aux dissensions religieuses, aux progrès de la jurisprudence, des bonnes lettres et de l'érudition [2]. C'est lui qu'Erasme caractérisait au point de vue

---

[1] Cuthbert Tonstall, ambassadeur du roi Henry VIII à la cour de Bruxelles, et plus tard évêque de Londres.

[2] Voir le savant ouvrage : *Claude Chansonnette, jurisconsulte messin, et ses lettres inédites,* par Alphonse Rivier, associé de l'Académie royale de Belgique. Bruxelles, 1878.

littéraire en disant : « Il a ceci d'excellent, qu'il a su concilier avec l'éloquence, la science du droit et la connaissance de la philosophie. »

En 1518, Chansonnette avait sollicité la faveur d'entrer en relations avec Budé et lui avait envoyé les commentaires de Zasius. Budé lui répond par des compliments fort aimables. Il loue sa probité, son érudition, son éloquence[1].

Une autre lettre de Budé à Chansonnette, insérée comme la précédente au livre premier des épîtres latines[2], montre que l'amitié des correspondants est complète. Dans une lettre grecque adressée à Erasme, Budé parle de Chansonnette comme d'un esprit vraiment distingué (*homo eximius*). Une lettre que Chansonnette écrivit à Amerbach en juin 1536[3] jette beaucoup de jour sur les relations du jurisconsulte messin avec le savant helléniste. Il résulte de certains passages que Chansonnette avait eu le dessein

---

[1] « *Animi sincera inculpataque probitas, doctrina multiplici perpolita,..... facunda germana probitate condita.* »

[2] *Œuvres de Budé*, édition de Bâle, 1557, t. I.

[3] Lettre XXIV de la publication de M. le professeur Rivier.

de travailler avec Zasius, Alciat et Budé à une édition des Pandectes. Une lettre de Budé qui refuse d'accepter confirme ce fait.

Budé entra aussi en correspondance avec un jeune savant qui commençait à peine à se faire connaître : nous voulons parler d'Étienne Dolet. Celui-ci s'était adressé à Budé, sachant avec quelle sympathie il encourageait les jeunes gens dans leurs études :

« Dans votre lettre élégante et châtiée, lui dit Budé, vous mettez à mon service votre zèle, votre affection et votre dévouement. Cette déférence officieuse et ingénue m'a été douce, oui, bien douce, comme de raison. A votre tour soyez convaincu d'une chose, c'est que j'ai la ferme intention de vous rendre la pareille, de vous traiter, en un mot, avec la même bienveillance et la même courtoisie, toute vanterie à part. Un mot seulement : votre lettre me laisse soupçonner et apprécier en vous un homme instruit, sans toutefois qu'elle puisse me faire connaître votre genre de vie et votre condition. Quant à ce que vous semblez réclamer de moi par votre correspondance, à savoir que je vous compte au nombre de mes amis, ma présente lettre vous garantira, sans l'ombre d'un doute, l'accomplissement de vos vœux à cet égard [1]. »

Budé désirait donc connaître Dolet d'une façon plus intime et personnelle. Celui-ci s'empressa de le satisfaire, en lui écrivant de Toulouse, le 20 avril suivant, les détails les plus circonstanciés sur son enfance, son éducation, son voyage en Italie. Il lui parle aussi de ses études, de ses travaux sur Cicéron, à la mémoire duquel il vouait un grand respect, de même qu'à Tite-Live, César, Salluste et Térence. Budé se montra touché de l'affection respectueuse que lui témoignait son jeune et docte correspondant; et l'on peut bien croire que Dolet profita largement de l'illustre relation qu'il avait faite. Il témoigna publiquement sa reconnaissance à Budé en lui dédiant en 1558 ses *Commentaires de la langue latine* [2].

---

[1] Paris, 23 janvier 1533.

[2] *Commentariorum linguæ latinæ tomi duo. Lugduni apud Gryphium*, 1536-38, grand in-f° caractères italiques.

Les titres sont décorés de beaux cadres gravés sur bois.

Ces Commentaires sont dédiés à François Ier et à Guillaume Budé. C'est vraisemblablement dans l'ouvrage analogue de Budé sur la langue grecque que Dolet avait puisé l'idée de son travail.

CHAPITRE VIII

SUITE DE LA VIE DE BUDE

Après avoir examiné les ouvrages et la correspondance de Budé, revenons à sa biographie proprement dite, et entrons dans quelques détails sur sa vie privée et domestique.

Guillaume Budé possédait l'un des plus remarquables hôtels de Paris, situé dans la rue Saint-Martin[1]. Au dix-septième siècle, on voyait encore inscrits sur cette maison les vers de Juvénal qu'il avait pris pour devise :

Summum crede nefas animam præferre pudori,
Et propter vitam vivendi perdere causas[2].

---

[1] Au numéro 203 actuel.

[2] « Croyez qu'il n'y a pas de plus grand crime que de préférer la vie à l'honneur, et de sacrifier à votre existence les fins mêmes pour lesquelles vous existez. »

L'hôtel de Guillaume Budé fut habité soixante ans

Outre son hôtel de la rue Saint-Martin, Budé possédait deux maisons de campagne, situées l'une à Marly (*Marlianum prædium*)[1], l'autre à

plus tard par un autre magistrat qui, par son talent et sa droiture, fut aussi l'une des gloires municipales de Paris. Nous voulons parler de Jacques Sanguin, qui occupa la place de prévôt des marchands de 1608 à 1611, et rendit de grands services à Henri IV. Cet hôtel fut aussi possédé par Henri de Vic, garde des sceaux de France (Voir Piganiol de la Force, *Description de Paris*, tome III, p. 335).

[1] A l'occasion de la seigneurie de Marly, qui était ancienne dans la famille, nous voyons d'après les *Comptes de la Prévôté de Paris*, que Maître Dreux Budé avait acquis en 1464 cette terre de noble homme Messire Jehan de Chatillon chevalier. La seigneurie passa aux mains de Maître Jehan Budé, fils de Dreux, ainsi que nous le dit Henry Sauval (*Antiquités de Paris*, tome III); ce susdit Jehan y est cité comme héritier de la terre de Marly-la-Ville. Quant à Guillaume Budé, nous voyons aux Archives nationales, dans les années 1505 et 1514, la mention d'hommages faits par le susdit Guillaume au sujet de la terre de Marly.

Remercions ici, pour tous les détails qu'il nous a aimablement fournis sur ce sujet, M. Maquet, le savant auteur des *Seigneurs de Marly*, volume in-8°, Paris, 1882, avec préface de Victorien Sardou.

Il existe à Yères, près de Villeneuve Saint-Georges,

Saint-Maur (*Sammauriana villa*)[1]. Ces demeures joignaient, paraît-il, l'utile à l'agréable : élé-

dans le département de Seine-et-Marne, un petit jardin qui porte encore le nom de Clos Budée. Ce verger a fait partie des possessions de la famille de Guillaume Budé, car son père et son frère furent seigneurs d'Yères. Le Clos Budée appartient actuellement à M. Dècle.

Dans cette propriété coule une fontaine qu'on appelle aussi fontaine Budée, et qui y a été installée par l'un des anciens propriétaires du Clos, M. Delbrouck. On y voit un médaillon sculpté en pierre représentant le portrait de Budé, en souvenir des jours qu'il y passa dans sa jeunesse. Au-dessous du médaillon on lit ces quatre vers de Voltaire :

> Toujours vive, abondante et pure,
> Un doux penchant règle mon cours;
> Heureux l'ami de la nature
> Qui voit ainsi couler ses jours.

Le poète Roucher a consacré au Clos Budée les vers suivants où il déplore les coupes d'arbres qu'on y avait faites de son temps. Ces vers figurent dans son poëme des Mois. Les voici :

« Lieux chéris des neuf sœurs, délicieuse enceinte,
Où longtemps de Budé s'égara l'ombre sainte,
Fontaine, à qui le nom de cet homme fameux
Semblait promettre, hélas! un destin plus heureux,

---

[1] Voir Piérart, *Histoire de Saint-Maur des Fosssés*, 1870, Paris, Claudin, vol. II, p. 539.

gantes dans leur construction, elles étaient entourées de jardins fertiles. Le propriétaire, enchanté de ses habitations, écrivait à Érasme en badinant qu'elles pouvaient entrer en parallèle avec celles de Lucullus. Il se plaisait surtout à Saint-Maur. Cette propriété consistait primitivement en une vigne improductive, qui avait longtemps été mise en vente sans trouver d'acquéreur. Budé s'était finalement décidé à la convertir en verger.

J'ai vu sous le tranchant de la hache acérée,
J'ai vu périr l'honneur de ta rive sacrée!
Tes chênes sont tombés, tes ormeaux ne sont plus!
Sur leur front jeune encor, trois siècles révolus
N'ont pu du fer impie arrêter l'avarice :
D'épines aujourd'hui ta grotte se hérisse,
Ton eau jadis si pure et qui de mille fleurs,
Dans son cours sinueux, nourrissait les couleurs,
Ton eau se perd sans gloire au sein d'un marécage.
Fuyez, tendres oiseaux, enfants de ce bocage;
Fuyez : l'aspect hideux des ronces, des buissons,
Flétrirait la gaîté de vos douces chansons... »

A l'époque où Roucher allait rêver et cadencer des vers au Clos Budée, il paraît que de nombreux arbres avaient été abattus. Aujourd'hui les plantations ont repoussé. Si le poète revenait, il modifierait ses impressions.

Ayant arrondi son bien par quelques acquisitions, il y fit construire sa maison de plaisance. Dans son livre *de Asse*, il compare cette campagne à Tusculum. Quand il sortait de Paris, c'est là qu'il cherchait de préférence un abri contre les embarras de la ville et les tracas de la vie publique.

« Si vous croyez, écrit-il à son frère Louis [1], que je sois entièrement désœuvré, sachez que j'ai pris d'autres attachements assez différents de celui que j'avais auparavant pour l'étude, le hasard m'en ayant fourni l'occasion, je ne sais comment.

« J'avais d'abord dessein de bâtir une maison commode et au-dessus des maisons ordinaires, afin que ma campagne de Marly ne fût pas tout à fait inconnue et méprisée comme elle l'a été jusqu'à présent, en un état à n'y recevoir personne, pas même son maître. Non seulement j'en ai eu le dessein, mais on y va travailler dès le commencement du printemps, et j'ai déjà donné l'ouvrage à tâche, comme l'on fait dans ces occasions ; je prétends de plus me faire présentement

[1] Lettre tirée de nos archives particulières.

un grand et magnifique jardin, aussitôt que la saison le permettra. J'avais aussi une vigne dans le village de Saint-Maur, éloigné d'environ trente stades de la ville, vigne qui ne rapportait pas : presque toutes les années elle se trouvait ou gelée ou frappée de la grêle ; et, ce qui était très fâcheux, elle ne rapportait pas bien, même dans les bonnes années. Je l'avais souvent menacée que si elle ne me récompensait pas mieux de la peine et des frais qu'elle exigeait, je l'arracherais ; enfin je fus obligé de lui jurer de la détruire, si elle ne me rendait pas de fruit l'année suivante. Mais elle ne répondit pas davantage à la dépense et au travail qu'on y avait fait. Comme on ne trouvait point d'acheteur (car elle était en mauvaise réputation à cause de sa stérilité), je fus tellement fâché que je crus devoir changer cette vigne en jardin, si cela se pouvait, pour me dégager de mon serment dont je pensais ainsi me délivrer : mais il me vint tantôt une idée, tantôt une autre, jusqu'à donner dans cette superfluité que d'acheter des parties de fonds limitrophes pour arrondir mon enclos.

« Mais dans ce dessein d'acquérir, mes voisins m'ont donné beaucoup de peine, en mettant trop haut le prix de leur terrain, et même quelques-uns me tiennent encore en suspens, quoique je n'aime pas les retards. Tout le monde s'étonne de ce que je vais là deux ou trois fois par semaine, et vous-même vous seriez surpris de m'y voir fort attaché, comme si j'avais quelque affaire de très grande importance. Je m'applique à presser les ouvriers, qui plantent ou qui bêchent. Je reste fort longtemps et fort attentif à voir ceux qui nivellent les allées, tant celles qui traversent le fonds que celles qui règnent le long de la clôture, qui est une bonne enceinte bien bâtie et crépie à la chaux. Les allées sont de deux sortes, les unes vont autour du fonds, les autres se croisent au milieu, toutes tirées au niveau, aussi bien que les nouvelles plantations qui sont toutes alignées, de sorte que l'on peut voir d'un bout de la possession à l'autre ; cela rend mon ouvrage beau et très magnifique, aussi bien que les arbres qui sont vis-à-vis les uns des autres. Je presse continuellement dans ce dessein les ouvriers et celui qui a le travail à tâche, car je crains que le froid ne compromette mes plantations et que les jardiniers ne soient obligés de quitter l'ouvrage à demi fait, ou que l'architecte se trompant ne gâte tout ce que j'ai fait. Mais quelle n'est pas ma folie ! Je me suis dès longtemps attaché aux sciences entièrement, j'ai consumé ma jeunesse dans la lecture et l'étude des deux langues, ne sachant rien du ménage ; et je ne pense à présent qu'à travailler la terre ; il me semble que depuis deux ou trois mois j'ai oublié la grammaire pour apprendre les affaires de l'économie. Ainsi moi qui avais coutume d'occuper entièrement mon esprit dans les belles-lettres, je serai présentement distrait par deux soins qui me tirent de deux différents côtés, je veux dire ceux que me donnent mes deux métairies de Marly et de Saint-Maur, fort éloignées l'une de l'autre. J'ai cru devoir vous en écrire, d'autant plus que je cherchais quelque occasion et quelque sujet pour le faire, car je devais vous répondre quelque chose dans une langue étrangère, comme je vous y avais invité moi-même. Je l'ai fait encore afin que, si vous pouviez m'aider en quelque chose dans ma plantation, vous ne le négligiez pas. On parle de nos pêches printanières comme d'une chose admirable. »

Mais il arriva à Budé ce qui arrive souvent en pareil cas. Il se trouva entraîné à des dépenses qu'il n'avait pas prévues, et les embarras d'argent se firent sentir.

« Une seule chose, écrivait-il à son frère Louis, me fait de la peine par rapport à mon bâtiment et à tout ce qui en dépend : c'est le manque d'argent, qui embarrasse souvent ceux qui entreprennent de grandes choses. Cela ajoute un grand poids à tous mes soucis ; car que peut faire en matière de bâtiments et d'entreprises un homme qui n'a pas d'argent ? Mais je ne suis pas embarrassé de me justifier de cette affaire auprès de vous ; je sais très bien que vous n'êtes pas trop sévère envers ceux qui tombent en de semblables fautes. Et comment le seriez-vous, n'ayant pas évité de donner vous-même dans la manie de bâtir, en suivant de mauvais conseils : de sorte qu'à cause de cela vous ne condamnerez pas trop légèrement ma grande imprudence ; je ne crains rien à cet égard, car vous ne voudriez pas condamner votre propre faute, et d'ailleurs tout ce que je puis avoir fait mérite votre indulgence... »

Nous avons vu que Budé avait souffert d'une longue et cruelle maladie, due en partie à ses excès de travail intellectuel. Il reconnut, bien qu'un peu tard, la sagesse des avis que son père lui avait souvent donnés à cet égard. Il comprit que son corps avait besoin d'exercice, et c'est ce qui nous explique son goût subit pour les travaux de la campagne. Il se mit à travailler de ses propres mains : on le voyait bêcher son jardin, puiser de l'eau pour arroser les fleurs de son parterre, fendre du bois, tailler sa vigne, diriger ses maçons et ses jardiniers, faire de longues courses à pied. Ce régime ne manqua pas de lui faire du bien et de rétablir ses forces.

La lettre que nous venons de citer nous montre que Budé n'avait pas à sa disposition de bien grandes ressources pécuniaires. Il avait cependant hérité d'un beau patrimoine. Mais il l'avait sans doute fortement entamé dans ses années de jeunesse, lorsqu'il menait la vie de gentilhomme élégant ; plus tard, les grandes dépenses qu'il fit pour ses études, pour sa bibliothèque, enfin la nombreuse famille qu'il avait à élever, tout cela nous explique aisément comment il n'était pas dans une situation opulente. Budé n'avait d'ailleurs jamais cherché à s'enrichir, bien que ses diverses charges lui en eussent peut-être donné l'occasion. Cette *aurea mediocritas* dont parle le poëte était la situation qui lui paraissait la plus enviable. « Un petit état, écrivait-il à son frère Louis, mais pourtant honnête, suffit à un homme qui fait profession de philosophie. A Dieu ne plaise qu'il nous arrive cependant de manquer des choses nécessaires et de ce qu'il faut pour nos études. » Et plus loin : « Je ne crois pas fort heureuse l'abondance de quelques-uns et la magnificence avec laquelle ils vivent. » Il ressort de tout ce qu'il a dit et écrit sur ce sujet qu'il mesurait l'importance de l'argent à l'usage qu'on en faisait en faveur des Lettres. Il ne pouvait admettre qu'un homme auquel arrivait inopinément une grande fortune dît adieu aux belles-lettres et aux hommes savants, comme si la philosophie cessait d'être utile à ceux qui sont riches. « Je pense, écrivait-il, que ceux qui ne possèdent que peu de bien, qui vivent d'une manière honnête et selon leurs dignités, sont plus près du bonheur. »

Une fois revenu à la santé, notre helléniste reprit ses travaux intellectuels avec une nouvelle ardeur. Sa famille aurait voulu peut-être qu'il fût moins absorbé par l'étude, et nous voyons Budé s'excuser, dans une lettre à son frère Louis, de ce qu'il n'a pas abandonné ses occupations scientifiques pour se consacrer entièrement aux siens. « Mais, lui écrit-il, quelqu'un me dira : il vous convenait mieux de prendre soin de vos enfants, plutôt que de donner tant de temps aux écrits des orateurs et de ceux qui ont le mieux écrit. Demeurer ainsi cloué sur leurs beaux ouvrages, comme à entendre les chansons des Syrènes qui attiraient par leur charme, c'est s'amuser à des bagatelles. On dit que le rossignol, pendant qu'il s'attache à ses petits, ne fait plus entendre ses chansons si vantées. Mais qu'y ferais-je? Il me faut rester appliqué aux choses qui m'ont occupé si longtemps ; et comment pourrais-je me plaire à d'autres? Il me semble que j'y dois mourir puisque, sans y penser, j'y ai comme placé le viatique de la vieillesse. Je m'applique aux soins de ma famille comme ceux qui ne le font pas le mieux, étant accoutumé à vivre dans la médiocrité ; nourri dans les belles-lettres, il serait assez juste que je finisse ma vie dans ces choses, et je pense que c'est ma destinée d'achever mon sort dans l'étude, loin des affaires. »

Quoique Budé semble s'accuser d'être un médiocre père de famille, il ne faudrait pas prendre ses paroles au pied de la lettre. Il avait pour ses enfants plus d'affection qu'on ne le croirait si l'on s'en tenait à cet aveu de négligence. Il aimait tendrement sa nombreuse famille, qu'il regardait comme une bénédiction de Dieu. « Pendant que je m'occupais de mes travaux de campagne, écrit-il à son frère Louis, j'avais ma femme en couches : elle vient de me donner un huitième enfant, dont je rends grâces à Dieu. J'ai déjà six garçons qui crient auteur de moi, et une petite fille qui commence à manger à table, et qui me donne bien du plaisir. »

Il suivait avec sollicitude l'éducation de son fils Dreux, sur lequel il avait fondé de grandes espérances. Mais l'enfant ne semblait pas avoir la même ardeur que son père pour l'étude. On avait dû lui accorder du repos après une maladie qu'il avait faite; mais quand il est rétabli, son père le presse de réparer le temps perdu. Dreux manquait d'énergie : il faisait de belles promesses qu'il ne tenait pas, et cherchait de mauvaises excuses. Budé lui écrit sur un ton sévère et même irrité : « Le temps des feintes mensongères est passé; ma patience est à bout. L'erreur dans laquelle j'étais est évidente autant que ton crime, et il te faut désormais renoncer à ces faux prétextes, ou je serais capable de te déchirer de mes propres mains. » Dans une autre lettre, Budé exhorte son fils au travail, en l'engageant à soutenir l'honneur de son nom : « Quant à toi, je veux que pour le moment tu n'aies rien de plus à cœur que de te montrer actif et zélé pour ton devoir : tu dois te consacrer de toutes tes forces à cette cause, qui est à la fois générale et particulière à notre famille. Il faut qu'en toi l'enfant laisse deviner ce que sera l'homme, et que tu illustres à ton tour notre nom, en imitant les exemples domestiques que tu as sous les yeux. Tu dois y appliquer toutes tes facultés avec d'autant plus d'ardeur que tu trouveras de cette façon la route plus facile après moi, qui aurai été ton guide, qui t'aurai montré la voie la plus courte. »

Budé pouvait à juste titre dire que l'amour des lettres était une sorte de patrimoine de famille. Il n'était pas en effet seul à aimer les travaux savants. Son frère Louis n'avait guère moins de zèle pour l'étude. Guillaume Budé était lié à ce frère par une sincère affection ; et, comme il lui reconnaissait plus d'aptitude aux choses de la vie pratique, il avait eu l'idée d'une sorte d'association dont nous trouvons les traces dans sa correspondance avec Louis.

« On dit que toutes choses doivent être communes entre amis, lui écrit-il, et surtout cela doit être entre des frères qui sont, de votre propre aveu, très bons amis. C'est ce que témoignent aussi vos dernières lettres; ainsi tout doit être commun entre nous, les enfants et les possessions, la fortune, la science encore, ce qui est notre bien le plus précieux. S'il arrive que vous doutiez de quelque chose que vous ayez rencontré dans vos lectures, j'exige de vous comme une dette que vous ayez recours à moi : je n'ai point différé à répondre à ce que vous me demandiez, comme cela se doit ; et s'il y a quelque chose de difficile et d'embarrassant que je puisse savoir grâce à ces années que j'ai de plus que vous (car il est naturel que j'aie appris plus de choses que vous dans tant de mois et d'années), je vous aiderai volontiers ; et, de votre côté, si vous avez eu de meilleures connaissances et de plus étendues, je sais que vous les communiquerez volontiers, comme moi je donnerai volontiers mes biens à mon frère. Nous étudierons ensemble les deux langues; nous nous partagerons ce que nous avons et nous en prendrons selon nos besoins, nous aidant l'un l'autre avec toute sorte de franchise, compatissant l'un à l'autre et ne cherchant point de prétexte pour ne nous point aider... de sorte que tout ce que nous apporterons sera en commun : car tel est le droit d'une amitié sincère, que les anciens sages ont consacrée à Jupiter, l'appelant Philien. Et je veux vous faire souvenir des devoirs de la parenté, car je crois que Jupiter Homogénien (du même sang) et Patrien est une divinité plus considérable que celle de l'amitié.

« Il faut donc que je vous aide à étudier la langue grecque, comme aussi vous me prêterez votre concours dans les choses du ménage, et vous prendrez soin de mes enfants qui sont les vôtres. Moi qui suis plus avancé dans l'étude, je dois prendre garde de vous aplanir les difficultés et les obstacles qui embarrassent le chemin où vous êtes entré, difficultés qui m'ont donné beaucoup de peine lorsque je m'attachais à la même étude ; en retour vous devez m'aider dans ces soins qui regardent la famille et nos affaires domestiques, et ne pas me laisser accablé par des soucis si diamétralement opposés aux affaires de la Philosophie. Certes ce n'est pas une vraie marque d'amitié de n'oser toucher même du bout du doigt, comme dit le Proverbe, le fardeau d'un ami qui en est accablé, et comment manquer à un tel devoir? Je suis sûr que vous ne négligerez pas le soin de mes enfants. »

Dans le cours de ses travaux, Budé eut tout naturellement l'occasion de réunir une nombreuse collection de livres. Il avait déjà hérité de son père une belle bibliothèque [1] qu'il augmenta peu à peu.

Les choses n'allèrent pas aussi vite qu'on pourrait le supposer : l'imprimerie venait à peine de naître, et les *librairies*, comme on appelait alors les bibliothèques, continuaient encore à se former de manuscrits, souvent rares et toujours coûteux. En 1528 nous voyons Jacques Sadolet, l'humaniste italien, demander à notre savant la

---

[1] Voir, sur les collections laissées par Jean Budé, quelques pages intéressantes du savant ouvrage de M. Léopold Delisle, intitulé : *Le cabinet des manuscrits de la Bibliothèque nationale.* (3 vol. grand in-4° dans la collection relative à l'histoire de Paris, que publie le Conseil municipal de cette ville).

liste des ouvrages grecs qu'il avait en sa possession.

« Votre demande, répond Budé, me couvre de confusion, car je n'ai pas d'autres livres que ceux que l'on trouve partout [1]. »

Sa bibliothèque renfermait cependant certaines richesses littéraires. On y voyait figurer, par exemple, un bel exemplaire de la fameuse édition princeps d'Homère (Florentia, 1488, 2 vol. in-folio). Cet exemplaire portait en tête de chaque volume les armes enluminées de la famille Budé.

Les marges, « *de vertice ad calcem*, » étaient littéralement couvertes de scholies manuscrites, de la main de Guillaume et de Louis son frère.

Vers 1725, Boivin, qui a écrit sur ce curieux ouvrage des notes fort intéressantes, ne connaissait que quatre exemplaires de cette édition. Deux, reliés aux armes de Henry II, appartenaient à la Bibliothèque royale. Des deux derniers, l'un était la propriété du chancelier d'Agues-

---

[1] Rubore me suffusum esse scito, quippe nullos alios libros habeam, præter eos qui in chalcographorum officinis sunt, ne hujusmodi quidem omnes.

seau; l'autre, celui de Budé, appartenait à l'académicien de Boze. On sait, par le père Jacob, qu'à la mort de Budé ses livres devinrent la propriété de François de Saint-André, président à mortier au Parlement de Paris; la collection de ce dernier passa aux Jésuites du Collège dit de Clermont, dont la bibliothèque fut dispersée à la suite de l'expulsion de cette Compagnie en 1594. Les deux volumes d'Homère passèrent alors dans diverses mains avant d'arriver dans celles de Claude de Boze. A la mort de celui-ci, sa bibliothèque fut vendue, et les précieux volumes furent payés six cents livres. Mais par qui? et que sont-ils devenus depuis lors? Les bibliophiles se perdent en conjectures à ce sujet, et toutes leurs recherches sont jusqu'à présent restées sans résultat. Toutefois les descriptions qu'en ont laissées divers auteurs nous permettent de donner quelques détails sur ces volumes si malheureusement perdus. Nous nous appuierons surtout sur l'autorité de Boivin. Il commence par décrire l'édition elle-même.

Le texte d'Homère a pour notes des vers de Virgile, imprimés en caractères italiques sur les marges qu'ils ornent bien loin de les charger.

Les citations de Virgile sont juxtaposées aux vers correspondants du poète grec.

Mais arrivons aux notes manuscrites dues à la plume même de Budé. Il n'est pas difficile de prouver que cet ouvrage lui a appartenu, puisque, comme nous l'avons dit, les armes de sa famille dessinées et enluminées avec un soin tout particulier, décorent la première page de chaque volume; ce qui est un peu plus difficile, c'est de prouver que les annotations sont de lui-même. Toutefois on arrive à cette démonstration par plusieurs arguments.

D'abord la profondeur de ces notes renfermant une foule de remarques utiles : on y voit la solidité d'un commentateur de premier ordre; puis la nature du style, qui est bien celui de Budé avec tous ses défauts et toutes ses qualités. Par exemple, dans cet endroit de l'Iliade où Vénus, blessée légèrement par Diomède, vient se plaindre à Jupiter de la douleur mortelle qu'elle ressent : « Sans doute, dit Minerve, qu'en menant à Troie quelque belle Grecque richement vêtue, elle aura, en la caressant, heurté sa main délicate contre une agrafe d'or et se sera fait une égratignure. » L'auteur des notes exprime ainsi le discours de Minerve : « *Manum tenellam et molliculam ad fibulam aureolam scarificavit et conscribillavit.* » Tous ces diminutifs sont du vocabulaire de Budé. N'oublions pas d'ajouter que, dans deux ou trois autres passages, Budé se trahit par son érudition en numismatique. Il se meut avec une telle aisance dans les descriptions de monnaies grecques, que l'on y reconnaît, sans grand effort, l'auteur du « *de Asse.* » Dans un passage de l'Iliade où Achille exagère le poids du disque de fer dont Ection se servait dans les jeux publics, il dit que quiconque possèdera ce disque pourra, pendant plus de cinq ans, fournir du fer à ses laboureurs, quelle que soit l'étendue des champs qu'ils auront à cultiver : *quamvis latifundia opima possideat, tamen hoc disco uti poterit ad instrumentum rusticum conficiendum vel in quinque annos vertentes.* Qu'on remarque ces termes : *Latifundia opima, instrumentum rusticum,* etc. Ce sont bien là des expressions familières à la plume de Budé.

On a vu également une preuve de l'authenticité des notes de Budé[1] dans la manière toute

---

[1] Dans ces notes il y a de nombreuses citations de la

française dont le commentateur interprète le passage de l'Odyssée où il est parlé des douze chefs de la maison phéacienne. « Remarquez, dit-il, une forme de gouvernement semblable au nôtre et une image des douze pairs de France : σημειωσαι *instar nostræ Reipublicæ, i. e. XII Patriciorum Franciæ.* » Cette remarque détruit l'hypothèse par laquelle on attribuerait ces annotations à un savant étranger, tel que Lascaris ou Musurus.

A la première page du livre de l'Iliade, on remarque, dans ce curieux exemplaire, une inscription insérée entre deux lignes. Cette inscription consiste en douze lettres séparées par autant de points. Les caractères sont si menus qu'ils échappent d'abord aux yeux [1].

Glose, de l'Étymologie, de Suydas et Ezychius. Il y est aussi souvent parlé de Platon, Aristote, Thucydide, Aristarque, Aristophane le grammairien, Zénodote et plusieurs autres auteurs anciens, tous familiers à Budé.

[1] Voici comment ces caractères sont arrangés : q. f. f. & a. D. o. m. G. & L. B. On reconnaît là parfaitement la formule bien connue, usitée dans la bonne latinité par ceux qui commençaient un travail un peu considérable : « *Quod felix faustum et acceptum Deo optimo*

On sait que Guillaume et Louis Budé étudiaient ensemble le grec; il n'y a donc rien d'étonnant à ce qu'ils aient mis chacun leur nom au début de cet ouvrage. Boivin suppose que ce fut Louis, et non Guillaume, qui écrivit de sa main l'inscription latine, car le nom de Guillaume est mentionné le premier.

On remarque dans les notes deux sortes d'écriture; il est donc très probable qu'elles ont été écrites par les deux frères. Ce qui milite aussi en faveur de l'hypothèse d'après laquelle Louis aurait écrit lui-même l'inscription, c'est que les caractères ne ressemblent en rien à ceux des notes latines, lesquelles doivent être de Guillaume.

Enfin un dernier argument qu'on peut faire valoir en faveur de l'authenticité des notes de

---

maximo. » On peut très bien concevoir qu'au début de la lecture d'un ouvrage aussi important, Guillaume et Louis Budé, qui étaient si fortement épris du style des bons auteurs de l'antiquité profane, aient substitué cette formule à celle qui était alors ordinairement employée : *In nomine Patris et Filii et Spiritus Sancti*. Ils étaient tellement entraînés vers les lettres anciennes qu'ils ne craignaient pas d'emprunter leur invocation au paganisme, pourvu qu'elle fût élégante.

G. Budé, c'est leur mauvaise écriture ; or on sait que celui-ci ne brillait pas par la calligraphie, témoin le passage suivant d'une lettre qu'il adressa un jour à Erasme :

« C'est avec raison que vous vous plaignez de la difficulté de lire mon écriture ; et je vous avoue que j'ai éclaté de rire à cet endroit de votre lettre où vous me dites que, ayant moi-même écrit si mal, je n'aurais pas dû avoir l'effronterie de vous faire un crime de votre mauvaise écriture. »

Toutes ces considérations, au dire des personnes les mieux qualifiées, prouvent suffisamment que le livre de Claude de Boze a bien appartenu à G. Budé, et que les notes latines et une partie des notes grecques sont de lui.

Après cette digression, revenons à la personne même de Budé. Il est facile de nous le représenter au milieu de ses livres, grave, austère, les traits fatigués par un travail excessif, tel qu'on le voit sur certains portraits qui ont été faits de lui après sa mort. C'est ainsi que le dépeint M. Nisard, dans une appréciation dont la sévérité nous paraît toucher à l'injustice :

« G. Budé, espèce de Caton littéraire très redouté, tonnant contre les mœurs de son siècle, en même temps qu'il débrouillait le système monétaire des anciens et qu'il commentait les Pandectes : homme austère, à la paupière contractée, au visage souffrant et ironique, comme nous le représente une gravure d'après Holbein, le portraitiste de tous ces hommes célèbres, et l'ami de plusieurs...; écrivain amer, aigre-doux, esprit difficile, mais prodigieux savant, dont toutes les lettres à Érasme sont mi-parties de grec et de latin, deux langues qu'il écrivait au courant de la plume et avec une singulière énergie. »

Nous venons de parler des portraits faits après la mort de Budé. On prétend, en effet, qu'il ne voulut jamais se laisser peindre. Voici les quatre vers sur lesquels on a basé cette assertion :

> Nec voluit vivus fingi pingive Budæus,
> Nec vatum moriens quæsiit elogia :
> Hunc qui tanta suæ mentis monumenta reliquit
> Externa puduit vivere velle manu [1].

---

[1] « Budé n'a voulu être ni représenté ni peint de son vivant, et en mourant il ne rechercha point les éloges des poètes. Celui qui laissa des monuments si imposants de son génie eût rougi de vouloir vivre par le secours d'une main étrangère. »
Épitaphe de Budé composée par Étienne Pasquier,

Quoi qu'il en soit, l'on possède plusieurs portraits de Budé. Il est d'abord au Musée de Versailles [1], en bonne société avec les Erasme, les Rabelais, les André Alciat et les Christophe de Longueil. Un autre exemplaire se trouve à la bibliothèque publique de Genève (salle Lullin); et un troisième, qui en est une fidèle repro-

---

[1] Le musée de Versailles possède trois portraits de Guillaume Budé.

L'un, placé dans la salle n° 152 (salle des académiciens), porte le n° 2874 du Catalogue. C'est une peinture du dix-septième siècle. H. 0,64. L. 0,52.

Le deuxième, placé salle n° 153 (Attique du Nord), porte le n° 3162 du Catalogue. C'est également une peinture du dix-septième siècle. H. 0,86. L. 0,48.

Le troisième, placé salle 164 (Attique du Midi), est catalogué sous le n° 4045. H. 0,84. L, 0,31 — sur bois. Il est attribué à Sigismond Holbein. Budé porte une toque et une robe noire; il tient une plume de la main droite et un livre de la gauche. On lit sur le tableau :

GUILLELMUS BUDÆUS.

Les deux premiers portraits proviennent de la collection de la Sorbonne. Les portraits appartenant à cette collection avaient été déposés aux Archives du Royaume (section historique) et en ont été extraits pour être placés à Versailles.

duction, se trouve dans notre collection particulière.

Quant à son portrait moral, M. Nisard nous semble plus que sévère. Sans accepter le panégyrique qu'ont tracé certains biographes de Budé, nous pouvons dire qu'il avait un caractère noble et élevé. Il était d'une nature bienveillante; on ne l'entendit jamais parler désobligeamment de personne. Si on lui demandait son opinion sur les beaux esprits de son siècle, sa réponse leur faisait honneur et témoignait de l'estime sincère qu'il avait pour eux. Il déférait beaucoup aux sentiments des autres; on le trouvait modéré dans ses jugements sur ses contemporains. Il était complaisant sans bassesse et grave sans orgueil; aussi ses amis avaient-ils grand'peine à démêler si sa sévérité et son autorité commandaient le respect plus que sa facilité et sa douceur ne gagnaient les cœurs. Il se glorifiait quelquefois d'avoir surmonté ses passions, si on en excepte la colère. Cependant s'il se livra fréquemment à certains emportements, il sut se contenir assez pour ne jamais sortir des bornes de la raison. C'était là un penchant contre lequel il devait souvent lutter et qui nous trouvera moins indulgent que son panégyriste Le Roy, auquel ces débordements de colère paraissent tout naturels, sous prétexte que les plus grands philosophes s'y sont eux-mêmes livrés.

L'indulgence que Budé témoignait en général aux écrivains de son temps n'était pas l'indice d'un défaut de courage. En voici la preuve :

Au milieu des terribles tempêtes que souleva contre elle la langue grecque, qui passait alors pour la cause de tous les maux, les hommes qui la cultivaient étaient regardés comme suspects en religion, et n'étaient point en sûreté, à cette époque de luttes acharnées. Budé conserva néanmoins pour le grec toute son estime et sa fermeté à cet égard ne fut nullement ébranlée. Ce fut un vaillant champion de cette littérature qui attirait à ses partisans des haines si dangereuses. Lorsque dans le conseil on attaquait la langue grecque, en présence même du roi, l'illustre helléniste se levait toujours pour la défendre en éloquent avocat ; et, comme on l'a si bien dit, il la gardait chez lui pour la soustraire aux attaques les plus redoutables.

S'il se fit des ennemis en prenant avec tant de chaleur la défense du grec, les hommes les plus distingués surent assez apprécier son mérite et son esprit dans cette circonstance. Il recevait chaque jour les lettres les plus flatteuses de savants qui réclamaient la faveur d'entrer en relations avec lui. Budé leur accordait vite son amitié; il regardait tous les hommes lettrés comme des membres de sa famille.

Cette tolérance chrétienne, qui est le propre des âmes bien nées et des esprits vraiment supérieurs, se retrouvait à un très haut degré chez Budé. Les mouvements de commisération qui l'animèrent en faveur de tout malheureux, de tout persécuté, à quelque confession qu'il appartînt, le firent passer pour hérétique ou du moins pour un homme favorable à la Réforme[1]. On a voulu appuyer cette opinion sur un passage de son testament, où il semblait condamner les pratiques de l'Église romaine, et sur un chapitre de ses ouvrages où il censure les mœurs du clergé. Ce ne sont là que des indices et nullement des preuves. Le testament de l'éminent helléniste, que nous donnerons plus loin, est absolument celui d'un catholique, et quiconque

[1] Nous reviendrons plus tard sur cette question.

connaît ses écrits ne conserve aucun doute à cet égard. D'ailleurs (et sans chercher d'autres preuves) si Budé eût eu un penchant sérieux pour la Réforme, comment, cinq ans avant sa mort, en 1535, aurait-il si fort loué le roi François Ier de la fameuse procession ordonnée au sujet de l'affaire des Placards?

Gessner se hâta un peu trop quand il publia la conversion de Budé au protestantisme. Cette illusion serait tombée si cet auteur avait eu connaissance du testament où Budé invoque l'intercession de la Vierge et des saints. Ce trait est caractéristique et nous semble mettre à néant le fameux *Noster est totus* de Gessner [1]. Nous comprenons mieux Mélanchthon lorsque, dans l'une de ses lettres [2], il considère Budé comme un papiste zélé, en faisant remarquer qu'il a manifesté au roi des sentiments conformes à la doctrine catholique.

Ce qu'on peut dire, c'est que Budé était avant tout un homme éclairé, un esprit passionné pour

---

[1] Budæus quoque, non est quod dubitem, noster est totus cum doctissimis, etc.

[2] 2 septembre 1535.

les études, ennemi de l'obscurantisme. Il le montra lorsque la Faculté de théologie présenta, le 7 juin 1533, à François Ier qui se trouvait alors à Lyon, une requête pressante au sujet des livres hérétiques ; elle déclarait au roi que s'il voulait sauver la religion attaquée et ébranlée de tous côtés, il était d'une indispensable nécessité d'abolir pour toujours en France, par un édit sévère, l'art pernicieux de l'imprimerie. Budé, avec du Bellay, para heureusement le coup et empêcha le projet de la Sorbonne de se réaliser. En cette affaire Budé ne cherchait pas à servir la réforme religieuse, mais uniquement la renaissance des lettres.

Si Guillaume Budé mourut catholique, il vit toujours avec joie les travaux des savants qui répandirent la connaissance de l'Écriture sainte. C'est ce qu'on peut inférer des termes dont il se sert pour qualifier le retour aux études bibliques.

« Grâce à ces études, dit-il, la vérité revient de l'exil. »

On retrouve le même sentiment dans divers passages de sa correspondance.

De plus, il entretint des rapports avec plusieurs hommes dont les opinions inclinaient vers la

Réforme ou qui plus tard l'embrassèrent ouvertement. C'est ainsi qu'on le voit se donner pour un des bons amis de Le Fèvre d'Étaples : la correspondance de Glareanus avec Zwingli en fait foi. Un jour se rendant à sa terre de Marly, Budé rencontre précisément sur son chemin son *vieil ami* Le Fèvre, et le trouve fort affaibli. Lorsque Claude Baduel se rendit à Paris en 1535, il vit Budé. Ce dernier consigne le fait dans ses notes et ajoute même qu'il lui montra une lettre de Mélanchthon. Mais encore une fois, malgré toute sa largeur de vues à l'égard de la Réforme naissante, malgré ses amitiés avec les novateurs philologues du temps, on ne peut en tirer la conclusion que Budé était lui-même converti au protestantisme.

D'ailleurs le clergé catholique ne considérait pas Budé comme suspect d'hérésie. On le tenait au courant des mesures prises contre les protestants, et parfois ceux-ci essayèrent de savoir, par son intermédiaire, ce que l'on tramait contre eux. L'anecdote suivante en fait foi [1] :

[1] Voir Merle d'Aubigné, *Hist. de la Réformation*, tome II, p. 197.

Un étudiant réformé, Pierre Siderander, dans l'espoir d'entendre quelques paroles qui le mettraient au fait de ce qui se passait, se glissa jusque dans les bâtiments de la Faculté de théologie. Tout à coup il voit paraître Budé sortant de la Sorbonne. Budé remplissait alors le rôle que le Chancelier de l'Hôpital joua plus tard, celui de se porter partout où il fallait modérer, éclairer, contenir les esprits violents. Il passa sans rien dire et sortit. L'étudiant curieux n'y tint pas et suivit notre savant, résolu à lui parler et espérant entendre quelque déclaration significative. « Ne suis-je pas, se disait-il, l'ami de ses deux fils, qui suivent ainsi que moi les cours de Latome? L'aîné ne m'a-t-il pas invité à venir voir son Musée? N'y suis-je pas allé l'autre jour? et ne doit-il pas me rendre ma visite avec son frère? »

Siderander, qui brûlait du désir de découvrir ce qui s'était dit en Sorbonne, pressait le pas pour rejoindre Budé, puis hésitait et s'arrêtait. La timidité l'emporta finalement sur la curiosité et il renonça à toute idée d'aborder l'helléniste.

« Ah! disait Siderander, après sa tentative infructueuse, tandis que je jette en quelque lieu mon hameçon, le poisson se porte ailleurs. Il se passe dans notre quartier des choses que les habitants des autres ignorent et nous, nous ignorons ce qui se passe autre part. Hélas ! tout prend un aspect menaçant, tout annonce un violent orage. »

Siderander avait souvent demandé au fils de Budé : « Quels sont les projets de votre père ?

— Il est souvent avec l'évêque, répondait le jeune homme, mais du reste il ne projette rien. »

Ce qu'on peut dire avec certitude, c'est que Budé était profondément chrétien et d'une piété sincère. Il étudia avec un zèle inouï la théologie, lisant ce que les savants avaient écrit sur les choses divines. Il déclarait lui-même qu'il ne devait pas s'attacher exclusivement aux études profanes ; et qu'après avoir continuellement abaissé vers la terre ses regards dans les différentes sciences qu'il avait embrassées, il lui fallait lever les yeux vers le Ciel. Il disait souvent que la piété est la route du Paradis. Aussi chercha-t-il à dominer, avec le secours de la religion, tous ses mauvais penchants. L'intégrité de ses mœurs, fruit d'une foi vivante, et qui contrastait singulièrement avec les habitudes dissolues de la cour, n'est pas un des moindres traits à relever chez Budé.

Enfin son exquise politesse ajoutait beaucoup au charme de son entretien. Il était persuadé que nous devons courir au-devant de ceux qui nous préviennent, si nous n'avons pas le privilège de les prévenir nous-mêmes par des témoignages de bienveillance. Il ne manquait aucune occasion de donner des preuves de sa reconnaissance aux personnes qui l'avaient obligé. Il estimait qu'une affection mutuelle, soutenue par un constant échange de bons procédés, est ce qu'il y a de plus désirable, et que dans la vie il n'y a pas de plus grand bien que l'amitié.

CHAPITRE IX

BUDÉ, SES AMIS, LES SAVANTS DE SON TEMPS

En étudiant les lettres de Budé, nous avons eu l'occasion de nommer, parmi ses correspondants, quelques-uns des plus illustres savants ou hommes de lettres de cette époque. Mais à côté de ceux dont l'éloignement ou l'absence momentanée donnait lieu à une correspondance plus ou moins suivie, Budé avait bien des amis dont le le nom n'apparaît pas dans le recueil de ses lettres. Il importe cependant d'en parler, pour donner une idée exacte du milieu dans lequel vivait notre helléniste. Les uns avaient été ses protecteurs, et s'honorèrent d'être au nombre de ses amis lorsqu'il fut parvenu à la célébrité. D'autres furent ses protégés, et nous avons vu avec quelle sollicitude il s'intéressait à ceux qui se vouaient à l'étude et qui faisaient appel à ses conseils ou à son influence. Ajoutons que, grâce à son immense réputation, les savants qui venaient à Paris s'estimaient heureux de lui rendre visite et de nouer avec lui des relations d'amitié.

Nous n'avons pas la prétention de parler de tous ceux qui, à un titre quelconque, furent en rapports avec Budé. Cela nous entraînerait trop loin. Mais nous nous arrêterons à quelques-uns de ses amis, et nous ne craindrons pas de revenir sur certains hommes que nous n'avons fait que nommer en passant.

On peut dire que Budé connut trois générations de savants, d'hellénistes en particulier, qui correspondent pour ainsi dire aux trois grandes époques de l'étude du grec en France.

C'étaient d'abord les savants de la première période : Le Fèvre d'Étaples, Tissard, Vatable ou Watteblé, Toussain, Pierre Danès, Lazare de Baïf, Rabelais, Pierre Amy, Louis Ruzé, Nicolas Bérauld, Germain de Brie, Guillaume Petit, Guillaume Cop, Jacques Colin.

Puis ceux de la seconde période, savants qui avaient étudié sur les bancs du collège royal naissant. Nommons, parmi les jurisconsultes, Dumoulin ; parmi les lettrés, Charles de Sainte-

Marthe, Hugues Salel ; des professeurs tels que Pierre Galland, Pierre Ramus, Adrien Turnèbe, Duchâtel, Dolet, Robert Étienne et Morel. Enfin ceux de la troisième période, à la tête desquels brillait Henri Étienne : c'étaient Jean Daurat, Denis Lambin, Muret, Louis Le Roy, Léger, Du Chesne, Cujas, Ronsard et Amyot.

Budé avait connu tous ces hommes, et il attachait un grand prix à l'amitié de la plupart d'entre eux. Ceux que leur érudition rendait recommandables ou dont le génie heureux annonçait de grands progrès dans la littérature, ne lui étaient pas moins chers que ses proches ; il les considérait comme des parents. Il fut toujours d'un facile accès pour ceux qui avaient recours à ses lumières ou à ses conseils ; il entretint une liaison des plus étroites avec Louis Ruzé et François de Loin, auxquels de grands biens, une vertu éprouvée et un esprit élevé avaient donné beaucoup de crédit dans Paris.

L'intime amitié qui les unissait est témoignée par Budé lui-même : il déclare quelque part qu'ils tenaient dans son cœur la même place que Pomponius et Brutus occupaient dans celui de Cicéron.

Entre les savants il aimait de prédilection Jacques Toussain, son élève, qui lui fit plus tard beaucoup d'honneur : il avait pour l'étude du grec de remarquables dispositions, que Budé avait reconnues d'emblée. Ce qu'il admirait surtout en Toussain, c'est l'amour passionné pour le travail qui fut le trait caractéristique de sa vie. Dans sa jeunesse, Budé lui reprochait trop d'ardeur dans ses études ou plutôt le louait de manifester cet excès de zèle. On sait que ce fut Toussain qui recueillit, commenta et édita les lettres de Budé. Celui-ci l'avait mis en relations avec Érasme, mais cette liaison fut troublée par quelques orages.

Budé fut aussi lié avec Pierre Toussain qui lui arriva de Bâle en octobre 1525, muni d'une lettre de recommandation d'Érasme. Plus tard il éprouva une estime toute particulière pour l'un des élèves de Toussain, Adrien Turnèbe [1]. Celui-ci appartenait à une famille noble, mais peu aisée. A l'âge de onze ans, il fut envoyé à Paris pour s'y instruire dans les belles-lettres. Doué des

---

[1] Né en 1512 à Andelys (Normandie), mort en 1565 à Paris.

plus rares dispositions, il fit des progrès si rapides que ses maîtres, Toussain, Le Gros et Guillaume Du Chesne, n'eurent bientôt plus rien à lui apprendre. Une mémoire surprenante, un esprit subtil, un jugement sain, une pénétration singulière, telles étaient les qualités qu'on louait dans l'écolier, et qu'un zèle infatigable ne fit que développer avec le temps. Reçu maître ès arts en 1532, il fut appelé l'année suivante dans l'université de Toulouse pour y enseigner les belles-lettres. Après la mort de Toussain, en 1547, il le remplaça au Collège royal, dans la chaire de langue grecque, qu'il échangea en 1561 contre celle de philosophie. L'excès de travail usa ses forces, et il fut enlevé, à l'âge de 53 ans, par une maladie de langueur. Il fut enseveli dans le cimetière des écoliers, le soir, et sans aucune cérémonie religieuse, ainsi qu'il l'avait expressément recommandé, à l'exemple de Budé. Turnèbe a joui parmi ses contemporains d'une réputation sans tache. Son érudition était immense; par ses leçons et ses nombreux écrits, il contribua à propager le goût des auteurs classiques.

Parmi les professeurs de grec, contemporains de Guillaume Budé, et qui formaient avec lui cette pléiade brillante d'hellénistes auxquels on doit la rénovation des études classiques en France, nous trouvons aussi Pierre Danès, qui avait beaucoup secondé Budé dans ses efforts pour obtenir de François Ier la fondation du Collège royal.

Danès était un excellent maître de grec. Né à Paris en 1497, d'une famille ancienne et distinguée par ses emplois et ses alliances, il fit honneur à son nom ; en 1516 il était déjà renommé ; en 1522, Ravisius Textor l'annonçait au public comme un prodige d'érudition. On en parlait comme étant supérieur à Budé, qu'il était pourtant loin d'égaler. On allait jusqu'à dire, après sa mort :

Magnus Budæus, major Danesius [1].

Et on motivait ce jugement en disant :

Hic Argivos norat, iste etiam reliquos [2].

Un autre savant, dont le nom est presque inconnu aujourd'hui, malgré toute la réputation

---

[1] Budé fut grand, Danès plus grand.

[2] Budé connaissait les Grecs, Danès en connaissait bien d'autres encore.

dont il jouissait alors, Jean-Louis Vivès[1], forme avec Érasme et Budé la constellation la plus brillante de l'humanisme pendant les trente premières années du seizième siècle.

Remarquables par la richesse de leurs dons naturels, ces triumvirs de la république des lettres semblent se disputer l'empire des esprits. Pleins d'admiration, les contemporains décernent à chacun le prix de ses talents : ils accordent à Budé la gloire du génie (ingenium), celle de l'éloquence à Érasme (dicendi copia), à Vivès celle du jugement (judicium).

Vivès, qui était intimement lié avec Budé, a consigné dans un de ses ouvrages le témoignage de son admiration et de son dévouement pour son ami : il nous a laissé, dans une belle page, un éloge complet de Budé, qu'il pouvait cependant regarder comme un rival, et l'on voit que cet éloge part du cœur[2].

Nicolas Bérauld[3], en latin *Beraldus Aurelius*,

---

[1] Voir sur Vivès l'article qui lui est consacré par M. Stern dans l'*Encyclopédie des Sciences religieuses* de Lichtenberger.

[2] Voir le *Commentaire* de Vivès sur la Cité de Dieu de saint Augustin, livre II, chap. 17.

[3] Né en 1478, il mourut en 1550. Ses principaux

que nous avons vu parmi les correspondants de Budé, était en effet un de ses amis intimes. Il avait été le précepteur du cardinal Odet de Coligny, de l'amiral de Coligny et de Châtillon. Il était lié d'amitié avec Érasme et le reçut chez lui dans un voyage que ce savant fit en France.

Germain Brice ou de Brie [1], en latin *Brixius*, fut un des protégés de Budé. Entré dans la carrière ecclésiastique après de fortes études théologiques, il fut aumônier du roi et chanoine de la cathédrale de Paris. Sur le premier bruit de l'établissement du Collège que François Ier avait promis à Budé, Germain de Brie se recommanda à lui et s'offrit pour une chaire de grec. Ceci se passait longtemps avant l'établissement des professeurs royaux ; aussi dut-il se borner à ensei-

---

ouvrages sont : *Oratio de pace...*, Paris, 1528. — *Metaphrasis in Œconomicon Aristotelis*. — *Dictionnaire grec et latin*, Paris, 1521. — *De jurisprudentia vetere ac novitia*, 1532. — *Enarratio in psalmos 70 et 130*.

[1] Il était natif d'Auxerre, et mourut dans le diocèse de Chartres en 1538. On a de lui : *Germani Brixii Carmina*, 1519. — *Dialogus de episcopatu et sacerdotio*, 1526. — *Chrysostomi homiliæ*, etc.

gner le grec à Paris d'une manière assez obscure.

Lefèvre était au nombre des amis de Budé, chez lequel il se rencontrait avec Toussain, les Estienne, Vatable, et le tout formait comme un cénacle d'esprits cultivés [1].

Jacques Lefèvre d'Étaples [2] était venu de bonne heure à Paris pour y étudier les lettres. Après avoir été reçu maître ès arts, il partit pour l'Italie, où il séjourna plusieurs années. Se préoccupant peu des auteurs classiques de l'antiquité, il dirigea d'abord ses recherches vers les mathématiques et la philosophie. Il étudia surtout Aristote, dont il propagea les doctrines dans des cours publics, et par une série de traductions accompagnées de paraphrases. Son savoir lui valut la protection de Louis XII et de plusieurs personnages importants. L'évêque Briçonnet, son ancien élève, l'appela près de lui et lui procura les moyens de poursuivre en paix ses travaux. Lefèvre, conduit par ses études à faire un examen approfondi des livres saints, entreprit une revision critique du texte de la Vulgate, puis

---

[1] Voir Pétavel, *La Bible en France*, page 78.
[2] Né à Étaples en 1455, mort à Nérac en 1537.

une traduction française de la Bible. Il fut bientôt accusé d'hérésie et dut s'enfuir à Strasbourg; mais, François Ier, à son retour de Madrid, le rappela et le nomma précepteur de son troisième fils, Charles. Il fut également protégé par Marguerite de Valois, qui le fit partir en 1531 pour Nérac, où il mourut paisiblement six ans plus tard.

François Vatable ou Watebled[1], célèbre hébraïsant, fut d'abord curé de Bramet, dans le Valois, puis professeur d'hébreu à Paris, enfin abbé de Bellozane. Ses leçons au Collège royal attiraient un grand concours de curieux, parmi lesquels se trouvaient, dit-on, beaucoup de juifs. Les notes que Robert Estienne joignit, sous le nom de Vatable, à sa Bible latine de Léon de Juda, furent le prétexte de nombreuses tracasseries que les docteurs de Sorbonne firent souffrir au savant professeur. Ces notes ne lui appartiennent pas cependant, car elles ne sont qu'une compilation de remarques puisées dans Calvin, Münster, Fagius, etc. Un peu plus tard Robert Estienne imprima à part les *Psaumes*, avec

---

[1] Né à Gamaches, en Picardie, mort à Paris en 1547.

des notes plus étendues, qui avaient été vraisemblablement recueillies aux leçons de Vatable. Ces notes se distinguent des commentaires de l'époque, qui sont principalement dogmatiques et polémiques, par leur caractère purement philologique. Du reste Vatable a peu écrit et n'a rien fait imprimer lui-même.

Quant à Robert Estienne [1] que Budé estimait beaucoup, et dont il fut un ami sincère, ce n'est point, comme on l'a supposé, un penchant commun pour la Réforme, mais la science seule qui lui avait valu l'amitié du grand helléniste. Sincèrement attaché d'abord à la foi catholique, il témoigna ensuite une orthodoxie un peu douteuse, et il passa dans ce parti religieux mitigé qui compta tant d'hommes célèbres, Érasme, Lambin, Turnèbe, Cujas, Guillaume Cop, de Thou, l'Hopital et beaucoup d'autres. C'est à ce parti qu'on a voulu, bien à tort, rattacher Budé. Ce dernier, comme nous l'avons vu et le verrons encore, loin d'avoir une situation indécise et équivoque, appartenait franchement à l'Église catholique et ne témoignait son indépendance

---

[1] Né à Paris en 1503, mort à Genève en 1559.

que sur le terrain purement littéraire. Quant à Robert Estienne, il avait un penchant positif pour les nouvelles doctrines, et lorsque des hostilités maladroites et des censures qu'il croyait entachées d'ignorance et d'injustice vinrent le pousser à bout, la coupe déborda, et emporté par l'impatience il franchit la distance de plus en plus faible qui le séparait du protestantisme [1].

Nous ne devons pas négliger de mentionner encore le savant théologien belge Jacques Masson, qui avait pris le nom de Latome (*Latomus*). Il avait fait une partie de ses études à Paris, et y professa la théologie. Il avait même obtenu, par l'intermédiaire de Budé, la chaire de latin au Collège royal, récemment fondé. Mais il ne l'occupa que peu de temps, et fut ensuite professeur à Louvain, où il fut nommé docteur en théologie, puis recteur (1537). Il eut aussi la charge d'inquisiteur de la foi. C'était un des plus habiles docteurs de l'université de Louvain; il avait beaucoup de jugement et de lecture, de la facilité à écrire en latin, et surtout une extrême prédilection pour les maximes ultramontaines. Il eut

---

[1] Voir Magnin, *Journal des savants*, 1841.

des controverses parfois très vives avec Érasme, Luther et ses adhérents [1].

Budé connut et sut apprécier à sa juste valeur le fameux jurisconsulte Charles Dumoulin [2]. Celui-ci avait fait ses premières études à Paris et son droit à Poitiers, puis à Orléans, où il professa en 1521. Il se livra au travail avec une ardeur infatigable et devint bientôt un érudit de premier ordre. Il fut pour le droit français ce que Cujas était pour le droit romain, le premier de tous les interprètes. Son *Commentaire sur le titre des Fiefs et de la Coutume de Paris* fut accueilli comme un chef-d'œuvre de bon sens, de logique, de profondeur et de science. Un génie comme celui de Dumoulin était trop à l'étroit dans les limites de la législation ordinaire. Déjà il avait porté ses regards sur l'ensemble des coutumes françaises, il avait cherché à les concilier, à les ramener à des principes fixes et uni-

---

[1] Principaux ouvrages : *De trium linguarum et studii theologici ratione*, Anvers, 1519, in-4°. — *Articulorum doctrinæ Martini Lutheri per theologos Lovanienses damnatorum ratio*, Anvers, 1521, in-4°. — *De confessione secreta*, 1525. — *De fide et operibus*, 1530, etc.

[2] Né à Paris en 1500, mort à Paris en 1566.

formes : il avait projeté un seul code pour toute la France. Mais il ne sut pas se créer le repos nécessaire à ses travaux. En se prononçant contre les jésuites, puis contre l'adoption des décrets du concile de Trente, il se fit de puissants ennemis, et dut même se réfugier quelque temps en Allemagne, où il professa le droit au milieu d'un concours immense d'auditeurs remplis d'admiration. Il put enfin revenir à Paris, où il refusa les charges qu'on lui offrait, pour vaquer librement à la composition de ses nombreux ouvrages.

Salmon Macrin [1], le poète qui dédia à la mémoire de Budé les vers que nous citerons plus loin, fut aussi au nombre des amis de notre helléniste, qui admirait en lui la pureté d'une latinité remarquable. Macrin a excellé en effet dans l'ode latine, et il fut surnommé l'*Horace français;* on peut dire qu'il se rapprochait beaucoup de ce dernier, sauf pour les sujets de ses odes qui sont toujours honnêtes.

Nous aurions encore bien d'autres noms à citer : par exemple Amyot [2], qui après avoir étu-

---

[1] Né à Loudun en 1490, mort dans la même ville en 1557.

[2] Né à Melun en 1513, mort à Auxerre en 1593.

dié le grec au Collège même que Budé avait fondé, se voua pendant quelque temps à l'enseignement de cette langue dans la ville de Bourges. L'hellénisme n'était pas le seul point que le jeune homme eut de commun avec Budé. Une même sympathie pour Plutarque les unissait : tandis que Budé avait traduit en latin, et avec succès, les principaux traités de Plutarque, Amyot avait rendu en français, avec une rare perfection, les œuvres complètes de l'écrivain grec, notamment les *Vies des hommes illustres*[1].

Quel plaisir et quel profit Budé ne savait-il pas goûter et recueillir dans la conversation familière et journalière qu'il lui était donné d'avoir avec tous les hommes distingués qui entouraient le roi ! Avec ce Guillaume Cop, le médecin de la Cour, qui, lui aussi, était un helléniste et qui l'a prouvé en traduisant en latin plusieurs traités d'Hippocrate ; avec ce Guillaume Petit, le confesseur du Prince, qui avait une solide instruction littéraire, mais surtout une bienveil-

---

[1] Outre sa version de Plutarque, Amyot se fit aussi connaître par une traduction des *Amours de Théagène et Chariclée*, d'Héliodore.

lance parfaite pour les lettrés ; avec les lecteurs de François I*ᵉʳ*, les Colin, les Du Chastel, et tant d'autres qui, ainsi qu'on l'a remarqué, formaient autour du roi toute une Académie ! Car n'oublions pas que François I*ᵉʳ* les admettait à sa cour et même à son chevet ; non content d'en faire l'ornement de sa maison, il voulait en orner son esprit ; il leur consacrait chaque jour les heures où il pouvait le mieux se recueillir et se dérober à l'attrait des plaisirs ou au tracas des affaires. Il attacha des lettrés à sa personne pour jouir du charme du savoir à ses heures, et, pendant de longues années, il réserva pour la fin de chaque journée la conversation d'un érudit [1].

Budé, lié avec Dolet, assista au banquet que lui offrirent ses amis, on sait dans quelles circonstances. Étienne Dolet, poursuivi à la suite d'un meurtre commis à Lyon le 31 décembre 1536, s'était rendu à la Cour pour solliciter sa grâce du roi François Iᵉʳ. Il l'obtint et plusieurs de ses amis, littérateurs et savants, fêtèrent sa délivrance par un joyeux repas dont Dolet nous parle en ces termes : « Arrive l'heure d'un banquet, préparé

---

[1] Voir Rebitté, ouvrage déjà cité, p. 105.

par les soins de mes doctes confrères en Apollon. Chacun prend place; au nombre des convives se font remarquer tous ceux qu'à bon droit l'on nomme les flambeaux de la France : entre autres Budé, le plus grand de tous, Budé, cette gloire encyclopédique; Bérauld, l'heureux Bérauld, qui fait envier son génie supérieur et sa facile éloquence; Danès qui s'est illustré dans toutes les branches de l'art littéraire; Toussain, qu'une justice honorable a surnommé bibliothèque parlante; Macrin, ce favori de Phœbus, habile à manier tous les rythmes; Bourbon, non moins riche en verve poétique; Dampierre et, près de lui, ce jeune Vulteius qui fait concevoir au monde savant de si hautes espérances; Marot, ce Virgile français, qui déploie dans ses vers un divin trésor d'imagination; Rabelais enfin, cette grande illustration médicale, cette renommée de si bon aloi, François Rabelais qui du seuil même de Pluton rappellerait les morts à l'existence et les rendrait à la lumière. »

L'éloge que Dolet adressait ainsi à Budé n'était pas une simple formule de politesse. Il admirait profondément l'illustre helléniste qui l'avait aidé de ses conseils. Rappelons qu'il lui dédia ses

Commentaires de la langue latine, et il le fit par une lettre-préface, datée du 22 avril 1536, imprimée en tête du premier volume, avec ces mots : *Stephanus Doletus Guillelmo Budæo Salutem.*

« Vous ne doutez pas, lui écrit-il, et tous ceux qui connaissent la douceur de mon caractère le savent parfaitement, que si j'ai mis trop d'ardeur dans ma polémique, c'est que d'intolérables injures avaient contre toute attente exaspéré mon humeur si calme auparavant. Je me suis peut-être échauffé sans trop de retenue, et en laissant paraître (suivant le reproche inepte de mes ennemis) un esprit trop irrité ; mais ma patience avait été réellement poussée à bout. Qu'ils en prennent donc leur parti, ceux qui m'ont abreuvé d'ignominie malgré mon innocence, et qui m'ont comme égorgé dans un infâme guet-apens judiciaire ; il ne me restait dans mon malheur que ma plume, que mon talent oratoire ; c'est avec cela que j'ai cherché à me venger, en les stigmatisant à mon tour du fer chaud et de la douleur. »

Lorsque le second volume des Commentaires de Dolet finit par paraître, en dépit de toutes les difficultés que lui suscita l'injustice humaine, l'auteur écrit à Budé [1] que « la constance l'a toujours poussé en avant, hors de sa retraite, si bien qu'aujourd'hui, bravant cette double envie des hommes et de la fortune, le voilà en possession de son public. »

Dans cette même lettre, Dolet, pressentant sa fin, écrit à Budé : « Je nourris de plus hauts projets, et après ce labeur de mes *Commentaires*, j'ai depuis longtemps l'intention d'aborder l'histoire contemporaine. De cette manière la jeunesse amante des Lettres aura trouvé dans mon zèle un utile concours. La patrie à son tour ne me reprochera pas d'avoir gaspillé mes studieux loisirs en barbouillages insipides ou superflus. C'est ainsi que jeune homme et vieillard (si toutefois une mort prématurée ne m'étouffe) j'aurai selon mes vœux consacré ma vie au plus honorable, au plus noble travail. »

Budé trouva en Dolet non seulement un ami, mais un admirateur passionné, un défenseur résolu de sa supériorité sur Érasme. Il suivait en tout la doctrine du premier [2].

---

[1] *Commentaires* : Lettre II à Budé.

[2] « Cujus doctrinam ut singularem et eximiam in omnibus sequimur. » *Commentaires*, tome I, p. 604.

Disons aussi quelques mots d'un autre savant qui fut lié avec Budé et devint son biographe.

Le Roy [1] dit Regius, originaire de Normandie, avait voyagé en Allemagne et en Angleterre, étudiant les mœurs et la langue de ces contrées. A son retour en France il fut présenté à Guillaume Budé, qui l'accueillit avec distinction à cause de sa profonde connaissance des auteurs grecs et latins, dont il était un fidèle et élégant traducteur. Budé lui procura un emploi à la Chancellerie; mais cette position, si honorable qu'elle fût, ne donnait pas à Le Roy des moyens d'existence suffisants, et le détournait de ses travaux.

Plus tard Budé devait, après sa mort, décider de sa nomination de professeur au Collège royal. Voici comment : Le Roy avait écrit dans un latin des plus élégants une *Vie de Budé*, qu'il avait soigneusement étudié dans ses ouvrages. Cette biographie le signala à l'attention de Charles IX : ce prince le chargea de travaux dont il fut satisfait, et pour l'en récompenser il lui fit donner la chaire de latin, qu'il occupa avec distinction jusqu'à sa mort.

---

[1] Né à Coutances en 1510, mort à Paris en 1577.

Parmi les savants étrangers ou français qui rendaient visite à Guillaume Budé, nous trouvons plus d'un nom connu. Un jour, c'était Fra Giacondo, célèbre architecte italien dont l'érudition était extrême. On sait qu'il fut appelé pour reconstruire le pont Notre-Dame, plusieurs fois détruit par des inondations. Budé lui fit très bon accueil et l'aida dans la recherche et dans la collation de manuscrits.

Un autre jour c'était Guillaume Nesen, de Nastede dans la Hesse, qui vint visiter Budé lorsque, après avoir commencé ses études à Bâle, il arriva à Paris pour les achever.

Une autre fois ce fut à Baduel que notre helléniste ouvrit sa maison hospitalière, le 22 août 1534, lorsqu'il vint à Paris et qu'il fut attaché à la maison de Marguerite de Navarre[1].

Il avait déjà été l'un des correspondants de Budé. Si les lettres qu'ils échangèrent avaient pour thème presque unique ces études classiques si chères à tous deux, quel plaisir le

---

[1] Herminjard, *Correspondance des Réformateurs*, tome III, p. 190. Voir aussi le remarquable travail de M. Gaufrès intitulé : *Claude Baduel*, p. 31.

grand hélléniste français ne dut-il pas éprouver dans ces douces causeries, où Baduel, jeune encore, lui faisait part de ses projets, lui parlait de ses travaux et s'éclairait de ses conseils, et quel profit celui-ci ne dut-il pas tirer de ces savants entretiens? On peut lire avec intérêt le bel ouvrage de M. le professeur Gaufrès, que nous avons déjà indiqué, où l'auteur passe en revue tous les travaux de Baduel, qui aboutirent à la fondation du collège de Nîmes, établi grâce à ses persévérants efforts et en dépit de toutes les résistances, sur une base classique en opposition avec la scolastique des vieilles écoles. On y retrouvera, en voyant les arguments dont Baduel se sert pour amener le roi à donner son appui à son institution naissante, comme un écho de la voix de Budé, lorsque, au risque d'être importun, il ne cessait de répéter à son prince : Fondez le collège de France. Les critiques sévères, mais méritées, que Baduel adresse aux écoles du temps, où l'on n'avait nul souci de l'ordre dans lequel on devait professer les lettres, et qui n'offraient qu'un enseignement obscur où les maîtres brouillaient et confondaient tout, ne semblent-elles pas sortir de la bouche de celui qui stigmatisait la glose et les glossateurs ? Enfin la circulaire par laquelle Baduel attire l'attention du roi sur les bonnes études et la nécessité de les développer dans la Gaule narbonnaise, n'est-elle pas empreinte de l'esprit de Budé, conjurant le roi de se faire le protecteur des lettres ? Baduel pense, comme son devancier, que la plus notable marque d'estime qu'un monarque puisse donner à son peuple, c'est de lui accorder ce qui fait la gloire de son règne, l'épanouissement des études classiques. « C'est là l'honneur de notre prince, dit-il au roi, honneur tel qu'aucun âge, aucune génération à venir n'omettra de le célébrer. »

On retrouve dans Claude Baduel un des plus dignes successeurs de Budé, un de ceux qui surent le mieux continuer en province l'œuvre que celui-ci avait inaugurée à Paris.

CHAPITRE X

GUILLAUME BUDÉ

SUITE DE LA BIOGRAPHIE

Ainsi vivait Budé, passant les mois d'été dans ses terres, où, dans le calme de la nature champêtre et l'exercice que le contraignait de prendre la vie agreste, il réparait ses forces affaiblies par les excès de travail intellectuel; puis rentrant en ville dès l'automne, pour venir habiter son joli hôtel de la rue Saint-Martin, où, tout en menant l'existence modeste qui convient au sage et que lui commandait d'ailleurs l'insuffisance de ses ressources, il vivait très agréablement au milieu de ses livres et de ses amis. On se le représente coulant des jours tranquilles, conversant avec les érudits de son temps, mais surtout plongé dans le commerce des grands hommes de l'antiquité. On le voit dans son cabinet d'étude, ouvrant les nombreuses lettres que lui adressaient les savants du dehors, épîtres latines ou grecques qui valaient souvent à elles seules de véritables traités ! Ils étaient heureux, ces érudits du seizième siècle que ne venaient pas tracasser dès le matin les feuilles publiques pleines des futilités du jour ! On se figure facilement cette vie de Budé, dont il n'interrompait la studieuse monotonie que fort rarement, lorsqu'il se mettait en route pour des missions importantes ou des voyages d'investigation scientifique.

En effet, malgré ses goûts sédentaires, Budé quitta plus d'une fois ses résidences et sa bibliothèque pour voyager même à l'étranger. Le plus souvent c'était pour suivre le roi, quelquefois aussi pour des excursions particulières.

« Les voyages, dit Saint-Marc Girardin, étaient alors surtout nécessaires au mouvement intellectuel et social, et il était difficile d'y suppléer par de simples communications écrites, dans un temps où les peuples ne conversaient pas entre eux tous les matins comme ils le font aujourd'hui. C'est par les voyages, c'est par la visite assidue et patiente des bibliothèques, des monastères, c'est par l'entretien des hommes qui savaient encore quelque chose, que Pétrarque, Boccace, le Pogge et après eux nos grands érudits du XVIme siècle, les Scaliger, Muret, Lambin, Casaubon, Budé, ont travaillé à la renaissance de l'antiquité. »

Budé demeura « *maistre de la Librairie du roy* » jusqu'à sa mort; et, tout en remplissant consciencieusement les autres charges qu'il avait conservées à la Cour, il ne cessa d'apporter au maintien et au développement de ce précieux dépôt ses soins intelligents. Sa mort fut une grande perte pour la Bibliothèque royale [1].

Il occupa plusieurs fois, depuis 1522, la charge de maître des requêtes [2] et celle de prévôt des marchands [3].

---

[1] Il eut pour successeur comme bibliothécaire Du Châtel, évêque de Tulle, que le roi nomma à cet important emploi à la mort de Budé.

[2] Notamment en 1530. On lit dans la *Chronique du Roy François Ier de ce nom*, publiée par G. Guiffrey (Paris, 1860, in-8°), à la page 84 : « Au moy de Septembre 1530, par le commandement du roy nostre sire, et à la requeste de noble homme maistre Guillaume Budé, maistre des requêtes et de la librairie du roy, et de plusieurs aultres, fut abattue la faulse porte Sainct Martin. » Voir aussi Blanchard : *Histoire des Maîtres des Requêtes.*

[3] Voir Chevillard : *Des Prévôts de Paris*, 1720.

Budé fut souvent mêlé à des procès politiques et religieux. Le roi connaissait la droiture de son caractère et la sûreté de son jugement : aussi l'employait-il volontiers dans les causes délicates. C'est ainsi qu'il prit part aux enquêtes relatives à la trahison du connétable de Bourbon.

On sait que ce dernier avait profondément blessé la mère du roi, Louise de Savoie, en refusant sa main. Cette princesse, bien que plus âgée que lui de quinze ans, avait conçu pour lui une violente passion ; aussi, pour se venger de son refus, elle lui intenta un procès, et réussit à faire dépouiller le duc de tous les privilèges que ses aïeux avaient reçus des rois Charles VII, Louis XI, Charles VIII et Louis XII. De son côté, François Ier lui avait porté un coup des plus sensibles en lui préférant le duc d'Alençon pour commander l'avant-garde de son armée, dans la campagne qu'il préparait alors contre les Impériaux. Ce fut un affront dont il devait se venger cruellement.

Budé, ainsi que d'autres personnages bien qualifiés pour cela, fut chargé par le roi de l'enquête à faire sur la défection du connétable de Bourbon. Ce dernier, le 8 septembre 1523, s'était enfui de chez lui, à la faveur des ombres de la nuit, emportant vingt-cinq ou trente mille écus d'or, cousus dans douze ou quinze casaques dont chacune était confiée à un homme de sa suite. Pendant un mois il erra dans le Bourbonnais, l'Auvergne, la Bourgogne, le Beaujolais, le Viennois, le Languedoc, le Dauphiné, changeant constamment de route pour dépister ceux qui le recherchaient. Dans les premiers jours d'octobre, il arriva à Saint-Claude, en Franche-Comté, terre impériale, puis fit son entrée à Besançon où ne tardèrent pas à le rejoindre ceux de ses partisans qui s'étaient momentanément séparés de lui.

Il serait trop long d'entrer dans le détail des longues procédures qui se poursuivirent sous la direction du chancelier du Prat, secondé par des commissaires d'un zèle éprouvé. Budé était du nombre de ceux-ci, avec Jean Brinon, premier président de Rouen, L'Huillier et Salat. Saisies de correspondances, arrestations nombreuses, interrogatoires multipliés, rien ne fut négligé.

Mais il était trop tard, est-il besoin de le dire ? François I*er*, sachant le connétable hors d'atteinte et franchement résolu à servir sous les drapeaux ennemis, retarda son départ pour l'Italie et fit offrir au fugitif la restitution immédiate de ses biens, le remboursement de tout ce qui lui était dû, le rétablissement de ses charges et pensions. Bourbon refusa. On sait la réponse qu'il fit à toutes les propositions royales : Il est trop tard, dit-il à l'envoyé de François I*er*. Et comme celui-ci lui redemandait son épée et le collier de l'ordre de Saint-Michel : « Vous direz au roi, ajouta-t-il, qu'il m'a ôté l'épée de connétable le jour où il m'ôta le commandement de l'avant-garde pour le donner à M. d'Alençon. Quant au collier de son ordre, vous le trouverez à Chantelle sous le chevet de mon lit. »

Budé fut aussi l'un des juges de Louis de Berquin. Ce dernier[1], gentilhomme de l'Artois, homme de grand savoir, avait embrassé la Réforme et publié, entre 1523 et 1528, des livres qu'Érasme admirait, mais que la Sorbonne condamna sévèrement. La Faculté de théologie réclama l'examen de ces ouvrages. Mandé par le procureur général, Berquin réclama la faveur d'être présent lorsque l'on ferait l'inventaire de ses écrits ou de ses manuscrits, afin de pouvoir donner les explications qu'il jugerait nécessaires ; cette requête

---

[1] Né en 1490, mort en 1529.

fut acceptée. Le 26 juin 1528, les commissaires de la Sorbonne firent leur rapport, qui fut communiqué à la cour. Le 1er août, Berquin fut appelé, interrogé, et à la suite de cette audience il fut arrêté et conduit à la Conciergerie. Le 5 août, la sentence fut rendue et Louis de Berquin fut renvoyé devant l'évêque de Paris. Tout à coup le roi le réclama pour le juger lui-même en son grand Conseil, et la Chambre dut ainsi remettre à François Ier le prisonnier de l'évêque. On était à la veille de la guerre d'Italie, et le roi renvoya Berquin au chancelier du Prat, « qui, en lui reprochant poliment d'avoir inquiété l'Église, se borna à lui demander d'en témoigner quelque regret [1]. » Berquin ne s'y refusa point, et, remis aussitôt en liberté, il quitta Paris et se rendit dans sa terre de Picardie.

Dix-huit mois plus tard, tandis qu'on semblait l'avoir perdu de vue, la défaite de Pavie et la captivité du roi à Madrid changèrent son sort. Louise de Savoie exerçait le pouvoir : le procès d'hérésie contre Berquin fut repris, et ce dernier rentra de nouveau comme prisonnier à la Conciergerie.

---

[1] Guizot, *Histoire de France*, tome IV, p. 326.

François Ier, qui se plaisait à protéger les gentilshommes et les lettrés contre les théologiens quand ceux-ci ne lui donnaient pas trop d'inquiétudes, aurait voulu qu'on attendît son retour pour reprendre le procès ; il n'y réussit pas, et dut se contenter de recommander que Berquin jouît de toutes les libertés que comportait la prison.

Budé fit beaucoup d'efforts pour sauver Berquin, en l'engageant à rétracter ses déclarations hérétiques. On sait que ce dernier était accusé de condamner la coutume qu'ont les prédicateurs catholiques d'invoquer la sainte Vierge au lieu d'invoquer le Saint-Esprit. Il n'approuvait pas que la Vierge fût appelée « fontaine de grâce, » et que dans le cantique du soir on la nommât « notre espérance et notre vie. » Cela, disait-il, convient beaucoup mieux à Jésus-Christ et à l'Église. Voilà les raisons pour lesquelles il fut mis en prison et traité en hérétique.

Budé fut au nombre de ses juges ; mais comme il était lié avec lui par une sincère amitié, il chercha à le sauver. Érasme nous apprend par ses lettres qu'il s'employa pendant trois jours à le faire sortir de sa triste position. « Gardez-vous d'en appeler, disait Budé, une seconde sentence est toute prête et elle prononce la mort. Si vous acceptez la première, vous pourrez vous sauver plus tard. Ne vous perdez pas, de grâce. »

Berquin ne répondait que par des refus aux sollicitations de Budé. Ce dernier reprenait : « O mon ami, il y a dans l'avenir des choses meilleures pour lesquelles vous devez vous garder ; vous êtes coupable devant Dieu et devant les hommes, si de votre propre mouvement vous vous livrez à la mort. » Berquin céda, et consentit à crier merci à Dieu et au roi dans la grande cour du palais. « Budé ému, ravi, courut annoncer à ses collègues la concession du prisonnier ; mais en bien réfléchissant sur la nature du caractère de Berquin, il ne crut pas à son changement d'opinion [1]. »

En effet, on connaît le dénouement de cette tragique histoire. Budé étant retourné peu après à la prison, Berquin lui dit : « Je ne rétracterai rien, j'aime mieux mourir que d'approuver, même par mon silence, la condamnation de la vérité. »

Il était perdu, et ce fut un grand chagrin pour

---

[1] Merle d'Aubigné, *Histoire de la Réformation*, t. II, p. 54.

Budé de devoir renoncer à tout espoir de le sauver. On sait le reste.

Le Parlement le condamna à être brûlé avec ses livres, comme hérétique obstiné, et ordonna que l'exécution serait faite en place de Grève, le jour même, sans doute afin que le roi n'eût pas le temps d'intervenir de nouveau. Le supplice eut lieu en effet le 22 octobre 1529, malgré les efforts de Budé, qui essaya vainement de faire au moins retarder l'exécution de la sentence. Berquin, qui peut-être avait gardé jusqu'au dernier moment l'espoir d'une commutation de peine, vit entrer dans sa cellule les officiers du Parlement. Il comprit, et se leva tranquillement après avoir recommandé son âme à Dieu. Voici le récit simple et pathétique de ses derniers moments, que nous trouvons dans une lettre d'Érasme à l'un de ses amis :

« Six cents gardes armés furent chargés de réprimer le tumulte, s'il y en avait. Conduit sur un char au lieu du supplice, le chevalier ne laissa voir ni sur son visage, ni dans aucun mouvement de son corps le moindre signe d'une âme troublée. On eût dit qu'il était dans une bibliothèque, occupé d'études, ou dans un temple, méditant sur les choses célestes. Même pendant que le bourreau proclamait d'une voix terrible le crime et le supplice, la fermeté de son visage ne parut se démentir en rien. Ayant reçu l'ordre de descendre du char, il descendit sans hésiter et allègrement. Il n'y avait rien en lui de l'audace ou de l'orgueil que la férocité engendre quelquefois dans les criminels. Le calme d'une bonne conscience se montrait dans toute sa personne. Avant de mourir il parla au peuple; mais on ne put rien entendre, tant était grand le bruit que faisaient les gardes, à dessein, croyait-on[1]. Lorsque, attaché au poteau, il expirait étouffé, nul dans la foule ne fit entendre le nom de Jésus, comme l'on fait d'ordinaire pour les parricides et les sacrilèges, tellement tous les esprits avaient été excités contre lui par ces hommes qui sont présents partout et qui ont tout pouvoir sur les simples et les ignorants. Quant à sa cause,

---

[1] Jean Crespin dit en propres termes dans l'*Histoire des Martyrs* : « Il y en eut bien peu qui l'eussent pu ouyr, tant estoit grand le bruit et tumulte de ceux qui là estoyent louez par les Sorbonistes pour faire cri, afin que la voix de ce sainct Martyr du Seigneur ne fust ouye. »

comme elle m'est tout à fait inconnue, je n'ai point à me prononcer. S'il n'a pas mérité son supplice, je m'en afflige ; s'il l'a mérité je m'en afflige doublement ; car il vaut mieux mourir innocent que coupable. Il est une chose dont je ne doute pas, c'est qu'il était persuadé que ce qu'il soutenait était pieux. De là cette sérénité de visage. » Plus loin, Érasme ajoutait : « Si Louis de Berquin est mort avec une bonne conscience, comme je l'espère fermement, qu'y a-t-il de plus heureux que lui ? Être condamné, mis en pièces, pendu, brûlé, décapité, est chose commune aux hommes pieux et aux impies. Condamner, mettre en pièces, décapiter, élever en croix, est chose commune aux juges honnêtes, aux pirates et aux tyrans. Les jugements sont divers ; mais celui-là est heureux, qui est absous au jugement de Dieu. »

Qu'on nous permette d'ajouter les quelques lignes par lesquelles Théodore de Bèze termine son récit du martyre de Berquin[1] : « Il souffrit avec telle constance, que le docteur Merlin, alors pénitencier de Paris, qui l'avoit conduit au sup-

---

[1] *Histoire ecclésiastique*, Anvers, 1580, tome I, p. 8.

plice, fut contraint de dire tout haut devant le peuple, après sa mort, qu'il y avoit peut estre plus de cent ans qu'homme n'estoit mort meilleur chrestien que Berquin. »

Berquin avait eu deux sincères amis dans ces circonstances douloureuses : d'abord la princesse Marguerite, qui fit tous ses efforts pour le sauver. « Je vous fais pour la fin une très humble requête, écrivait-elle encore au roi son frère à la veille du supplice du gentilhomme hérétique, c'est qu'il vous plaise avoir pitié du pauvre Berquin... » En second lieu, Guillaume Budé, que nous venons de voir intervenir si activement auprès de son ami pour obtenir de lui une rétractation. Notons en passant que Budé avait été parmi les six juges que le roi avait désignés lui-même, et il est incontestable que le prince l'avait mis là pour atténuer la rigueur de la procédure, et pour amener plus facilement un retour de Berquin à sa foi première. C'est à cela que tendirent tous les efforts de Budé ; car fervent catholique comme il l'était, il cherchait à sauver un ami, et non point à protéger un hérétique.

Budé fut aussi mêlé au procès d'Alexandre de la Croix, en faveur duquel il intervint dans les

11*

circonstances suivantes. De la Croix était, comme on le sait, un dominicain de Lyon, que son secret penchant pour l'Évangile avait fait incarcérer. Il fut transféré à Paris, puis jugé devant le Parlement, qui chercha à obtenir de lui des aveux. Au milieu des tourments que lui faisait subir l'épreuve de la torture, il s'écria devant ses bourreaux : « O mon Dieu, il n'y a ni pitié ni miséricorde en ces hommes ! que je la trouve donc en Toi ! » Puis, apercevant parmi les assistants Budé, à la figure grave mais sympathique, il ajouta : « N'y a-t-il point ici quelque Gamaliel qui puisse adoucir la cruauté dont on use à mon égard ? » L'illustre savant tenait les yeux fixés sur le martyr, étonné de sa patience : « C'est assez, s'écria-t-il, on l'a assez tourmenté. » A ce mot de Budé, dont la parole avait grande autorité, le supplice cessa, et Alexandre de la Croix fut relevé tout meurtri et reconduit dans son cachot.

« Ceux qui étaient présents, lisons-nous dans Crespin[1], furent grandement estonnés de sa patience, entre les quels il y en eut un[2] qui

---

[1] *Histoire des Martyrs*, p. 78.
[2] Ce fut Monsieur Budé, nous dit Crespin.

estoit de grande authorité et crédit pour son savoir et érudition exquise, qui remonstra aux autres qu'on avoit par trop tourmenté le pauvre patient et qu'on se devoit contenter. Cette parole fut cause de faire cesser cette cruauté de la gehenne extraordinaire, laquelle ne lui avoit esté pour autre cause réitérée sinon pour accuser ceux de sa cognoissance. » L'esprit de tolérance et de commisération qui animait Budé à l'égard d'Alexandre de la Croix devait se borner à arrêter les cruautés dont il fut victime à la veille de sa mort ; mais il ne put empêcher le supplice qui eut lieu sur la place Maubert, devant une foule nombreuse et émue.

Nous avons vu, en étudiant la correspondance de Budé, qu'il y eut plus d'une fois des brouilles passagères entre lui et Érasme. Vers la fin de sa vie, il y eut entre eux une querelle plus sérieuse, parce qu'elle était en quelque sorte publique, et qu'elle fut envenimée par le zèle d'amis maladroits.

On sait qu'Érasme, dans son *Cicéronien*, ouvrage dont le but était d'amoindrir la réputation de l'orateur romain qu'il croyait excessive, mit en parallèle Budé avec le libraire Badius, en termes qui laissaient supposer qu'il préférait le second au premier. Cette comparaison d'Érasme mit le feu aux poudres parmi les amis de Budé. Ils disaient publiquement que c'était comparer Thersite à Achille. Jean Lascaris, loin d'être adouci par les louanges personnelles qu'Érasme lui adressait dans le *Cicéronien*, tailla sa plume et décocha contre cette comparaison de mordantes épigrammes. Un des plus irrités fut Toussain, l'ancien élève de Budé, qui lui devait l'obligation de savoir à fond le grec. Il composa un distique assez blessant pour Érasme[1], mais sans avoir, paraît-il, l'intention de le publier. Les vers ne virent le jour que grâce à l'indiscrétion d'un ami auquel l'auteur les avait communiqués confidentiellement. Toussain qui, malgré le grand attachement qu'il portait à Budé, n'en avait pas moins un profond respect pour Érasme, eut beaucoup de regret de la publicité faite à son épigramme, et fit écrire au savant hollandais par

---

[1] Desine mirari quare postponat Erasmus
    Budæum Badio; plus favet ille pari.

Cessez de vous étonner pourquoi Erasme préfère Badius à Budé : il a plus de faveur pour celui dont il est l'égal.

un ami commun, Germain de Brie, pour le supplier de lui conserver sa précieuse amitié; il déclarait l'aimer et l'estimer autant même que son maître Budé, et il désavouait ce qui avait pu lui échapper dans un moment de vivacité. Érasme écrivit à Toussain une lettre fort bienveillante, dans laquelle il assurait qu'il n'avait jamais eu de mauvais sentiments à son endroit; il n'avait garde d'attribuer ce qui s'était passé à autre chose qu'à la profonde affection de Toussain pour son maître; et il souhaitait, ajoutait-il, d'avoir des amis aussi ardents que lui.

Quant à Budé, il n'avait pas été, au premier moment, très offensé de ce rapprochement, au point de vue littéraire, entre lui et Badius. On peut dire que dans cette circonstance il fit preuve d'une remarquable modération. « Telle est sa sagesse, telle est sa grandeur, disait Germain de Brie, qu'il cherche sa récompense dans le sentiment intérieur et non dans l'ostentation. »

Quant à Érasme, il essaya de se justifier en disant qu'il avait toujours parlé de Budé avec le plus grand honneur. Dans le *Cicéronien*, il ne l'avait comparé à Badius qu'en une chose qu'il enseignait à mépriser, et que Budé lui-même dédaignait ouvertement. Il avait même pris soin d'ajouter : Quoique Budé doive être admiré pour d'autres qualités nombreuses et éminentes. « Voilà, disait-il, l'outrage que les Français, et, avec eux, Jean Lascaris, prétendent venger par des épigrammes satiriques... Qui aurait jamais cru à tant de sottise ? »

Dans une longue lettre à Germain de Brie, Érasme s'explique à fond sur ce sujet : « Si Budé et Badius sont nommés ensemble, disait-il, c'est que tous deux appartiennent à la France et vivent à Paris. Mon but est de montrer que les plus célèbres écrivains sont les moins semblables à Cicéron. Les éloges que j'ai donnés à Budé surpassent ceux des Français eux-mêmes. Où sont donc les signes de jalousie ? Je ne crois pas encore à son ressentiment ; on n'est pas jaloux de ceux qu'on n'espère pas surpasser. » Il soupçonnait qu'il y avait à Paris des étrangers mécontents de ce qu'il condamnait dans l'éloquence tout ce qui n'était pas chrétien. Ils cherchaient sans doute à se venger par la plume d'autrui, en excitant des divisions. « Je connais, ajoutait-il, certains promoteurs du paganisme qui seront reçus comme ils le méritent s'ils me mettent en colère. Ils sentiront que pour la cause du Christ je ne suis pas timide. »—« L'Italie nous a envoyé cette fièvre, disait-il dans une autre lettre, pour que rien dans le monde ne soit à l'abri des discordes. Chassés violemment de Rome, ces hommes répandent la contagion en France et, sans doute, au lieu d'une hérésie, nous en aurons plusieurs. J'ai donc résolu de donner congé aux études après Pâques, d'autant plus que Froben est mort... J'ai peine à croire que Jacques Toussain ait l'esprit assez sot et assez grossier pour vouloir, à propos de rien, se déchaîner dans des vers satiriques contre un homme qui ne l'a jamais blessé du moindre mot. » Ailleurs Érasme dit positivement qu'il ne croit pas que les vers attribués à Toussain soient de lui.

Cette affaire fit assez de bruit pour que François Ier s'en fit rendre compte dans son conseil comme une affaire d'État. Quelqu'un, qui n'était pas favorable à Érasme, dit au monarque que si le savant étranger s'était montré injuste pour l'auteur des *Commentaires*, c'est parce que celui-ci avait trouvé mauvais qu'il parlât mal des Français; il avait voulu se venger en comparant Budé à Badius. Érasme répondit qu'il ne lui était jamais venu à l'esprit de faire une comparaison complète entre Budé et Badius, qu'il ne les avait rapprochés et jugés qu'au point de vue du style. Cette déclaration ne contenta point les partisans de Budé, et Germain de Brie, intime ami des deux savants, conseilla à Érasme d'apporter quelque changement, dans une nouvelle édition du *Cicéronien*, au passage incriminé. C'est ce que fit ce dernier[1]. Même il n'attendit pas la publication du volume pour faire droit aux réclamations des amis de Budé. Avant que la seconde édition du *Cicéronien* parût, il avait donné les explications qu'il croyait suffisantes, pour faire disparaître toute irritation de Budé contre lui.

Disons, en passant, que le livre d'Érasme avait eu surtout pour but de combattre la suffisance des Italiens. Ceux-ci, dit Burigny, étaient persuadés qu'on ne parlait bien le latin qu'en Italie, et le préjugé national était porté si loin qu'ils retranchaient du nombre des savants Érasme et Budé. Ils ne comprenaient sous ce nom que ceux qui méritaient d'être appelés Cicéroniens. Ils défendaient la lecture des ouvrages d'Érasme et

---

[1] Bayle, *Dictionnaire critique*, article *Badius*.

de Budé à ceux qui voulaient prétendre à la gloire de bien écrire. De tous les étrangers le seul Longueil était excepté. Il avait forcé les Italiens à approuver son style, et, en considération de sa belle latinité, il fut fait citoyen de Rome ; ce ne fut pas cependant sans difficulté, car dans un discours il avait eu la hardiesse de comparer la France à l'Italie, et de faire l'éloge de Budé en particulier [1].

[1] Burigny, *Vie d'Érasme*, tome II, p. 159.

CHAPITRE XI

MORT DE G. BUDÉ

SON TESTAMENT

Nous touchons au terme de la vie de Budé.

Au mois de juillet 1540, les chaleurs excessives forcèrent le roi à quitter Paris et à aller sur les côtes de Normandie chercher un peu de fraîcheur. François Ier se fit naturellement accompagner par son secrétaire dans ce voyage. Mais le mauvais temps qui succéda à cette température tropicale rendit l'atmosphère malsaine, et Budé prit une fièvre dont les symptômes devinrent bientôt de jour en jour plus alarmants.

Ramené à Paris, sur son instante demande, au milieu de sa famille désespérée, il mourut quelques jours après, le 22 août, ayant accompli toutes les cérémonies des agonisants. C'est ainsi que dans la paix la plus profonde s'éteignit, à l'âge de soixante-treize ans, cet homme illustre, digne à tous égards de sa réputation et de l'attention de la postérité [1].

La mort de Budé causa une peine extrême au roi, qui perdait en lui non seulement une illustration de sa cour, mais un ami fidèle et dévoué. Quant au chancelier Poyet, il demeura inconsolable.

Le monde savant s'associa au grand deuil de la France. Tous les auteurs contemporains furent unanimes à déplorer cette perte et à reconnaître l'influence que Budé avait exercée. Au moment

---

[1] Comme nous l'avons dit, la *Vie de Budé* a été écrite par Le Roy. Publiée en 1540, in-4°, par son auteur, elle a été plus tard insérée en tête de l'édition de 1557 des *Œuvres de Budé*, puis dans le recueil des *Vies choisies des hommes illustres* de Batz (Londres, 1682, in-4°), qui furent réimprimées en 1704. Elles portaient le titre de « *Vitæ Selectorum aliquot virorum qui doctrinâ, dignitate aut pietate in claruere,* » in-4°. Ce recueil comprend, outre la vie de Sainte-Marthe, celles de Pic de la Mirandole, Bembo, Erasme, Scaliger et Budé. Elle parut ensuite dans les *Vies des Jurisconsultes* de Fr.-L. Leicker, Leipzig, 1686, in-8°. Voir aussi : Scevole de Sainte-Marthe, neveu, *Elogiæ.*

de sa mort, Jean Sleidan [1] confirme qu'il fut l'un des principaux restaurateurs des belles-lettres et le Mécène de la France. « Au mois d'août, écrit-il, mourut G. Budé, homme de grande érudition et digne d'être loué au temps à venir.....

« Il fut cause que le roi François Ier fit un acte singulier, c'est qu'il ordonna honnestes gages à Paris pour les professeurs des Sciences et Arts. Or ne saurait croire, ajoute-t-il, les grosses rivières qui sont issues de ceste fontaine et se sont répandues tant par la France que par les autres pays. »

Il y a eu beaucoup de fausses indications relativement à l'époque de la mort de Guillaume Budé. Déjà en 1526, le bruit en avait été mis en circulation dans le monde savant. C'est ainsi que le 15 juin de cette année, Farel, l'illustre réformateur, écrit de Strasbourg à Myconius de Zurich que l'on annonce la perte du grand helléniste, et un mois auparavant Érasme avait déjà écrit à Toussain combien il avait été désolé d'apprendre par Le Fèvre d'Étaples la fin de celui qui était l'honneur des lettres.

---

[1] Jean Philipson, dit *Sleidanus*, historien né dans l'Electorat de Cologne (1506-1556).

Cette nouvelle ne tarda pas à être démentie. Budé devait vivre encore quatorze années au service de la science.

Quant à la date véritable de sa mort, il est curieux de voir les divergences qui existent chez les historiens.

Antoine de Baïf, qui parle de cet événement comme d'un malheur public, le place en 1539, date de l'entrée de Charles-Quint à Paris :

> En l'an que l'empereur Charles fit son entrée,
> Reçu dans Paris, l'année désastrée
> Que Budé trépassa........

Le père Garasse le fait aussi mourir en 1539 ; La Croix du Maine, le 25 août 1540; Sponde, le 20 août; Pierre de Saint-Romuald, le 3 août de la même année ; Bayle, le 23 août 1540; enfin de Launoi en 1573.

La date authentique est bien celle que nous avons donnée : le 22 août 1540.

Budé était d'un caractère original; il voulut être enterré de nuit et sans cérémonie.

Voici d'ailleurs son testament, où il fait ses dernières dispositions en ces termes :

« *Gloria patri et filio et Spiritui Sancto*[1].

« Guillaume Budé, conseiller du Roy, maistre des requestes ordinaires de son hostel et maistre de sa librairie, seigneur de Marli la Ville, non voulant mourir *ab intestat* et ayant regard à la condition et nature humaine qui doibt tousjours vivre en suspens et en expectation de la mort, pour autant que l'heure en est à un chacun incertaine, ay fait ce présent codicile au lieu de plein testament.

« Premièrement je proteste vouloir avoir la réception des Sacrements institués par l'Église quand je viendray à la mort ou que je seray en maladie périlleuse, si Dieu m'en donne le loisir et commodité, et mesmement le Sacrement de l'Eucharistie, viatique du passage de mortalité à perpétuelle immortalité, institué par le Fils de Dieu éternel, notre benoict Sauveur et Rédempteur Jésus-Christ, en la miséricorde duquel et mervelieuse efficace de sa mort et passion célébrée par l'Escriture Sainte, j'ay mis toute mon espérance de salut, considérant la grande multitude de mes péchés et petit nombre de bienfaicts,

---

[1] Gloire au Père, au Fils et au Saint-Esprit.

ayant aussi grande confiance en l'intercession de la glorieuse et unique mère et vierge, de saint Pierre et de saint Paul, princes des apôtres, et de la benoicte Madeleine à laquelle le dit Seigneur et Sauveur a tant faict de grâce et remission, desquels en ma vie j'ay eu la commémoration recommandée par praeciput.

« J'ordonne mon corps estre inhumé en l'Église Saint-Nicolas, pource que mon domicile et maison par moy bastie (*in spem perpetuae memoriae*) y est assise, et que je m'attens d'y mourir : à la fabrique de laquelle Église je laisse douze livres dix sols tournois, pour l'ouverture de la terre et son des cloches durant mon obit et le temps d'iceluy.

« Je laisse au curé, ou celuy qui tiendra son lieu durant le dit obit, quarante sols tournois, et dix sols aux clers de la dite église.

« Je veux estre porté en terre de nuict et sans semonce, à une torche ou à deux seulement, et ne veux estre proclamé ni à l'église, ni par la ville, ni alors que je seray inhumé, ni le lendemain ; car je n'approuvay jamais la coustume des ceremonies lugubres et pompes funèbres que l'on faict mesmement pour tels personnages que moi.

Quoy que soit, je desfend que on ne m'en fasse point, tant pour ce, que pour aucunes choses qui se peuvent omettre sans scandale ; et si ne veux qu'il y ait cinture funèbre ou aucune représentation à l'entour du lieu où je seray enterré, le long de l'année de mon trespas, pour ce qu'il me semble estre l'imitation des cenotaphes dont les Gentils anciennement ont usé ; combien que j'estime la coustume de ce faire a l'entour des sépulchres des princes et prélats et autres grands personnages dont la mémoire se doibt celebrer ès lieux desquels ils ont domination, ou prélature, ou magistrat éminent.

« Je fais executrisse de ce present codicile ou ordonnance ma femme, et Dreux Budé mon fils aisné, et chacun d'eux pour le tout, en quels je me rapporte de mon service et obit, en leur enjoignant de ne faire dire le dict jour grand nombre de messes, pour crainte de la confusion et irreverence du Saint Sacrement qui souventefois s'en ensuit.

« Je laisse mes habillemens domestiques aux pauvres et jusques à l'estimation de douze livres tournois à donner à la discretion de mes dicts executeurs à pauvres honteux. Si autre chose y a qui requière satisfaction dont je ne me sois souvenu, mes dicts exécuteurs y pourvoiront, comme aussi au luminaire qu'il conviendrat avoir pour mes funerailles, en quoy pareillement je veux qu'on évite la superfluité qui plus approche de la vanité que de la devotion.

« Et de ceste forme testamentaire ou codicilaire je me contenteray pour le présent, car aultrement ne m'est besoing de disposer de mes biens, veu le nombre d'enfans que je laisse. Escrit et signé de ma main le vingt-troisième jour de juin mil cinq cens trente-six. Budé. »

De nombreuses pièces de vers furent composées en mémoire de Budé.

Ces éloges, composés par les doctes amis de Budé, se trouvent consignés en appendice dans la Vie de cet helléniste par Le Roy[1]. Écrites en français, en latin et en grec, ces pièces renferment, sous les dehors un peu pompeux, des morceaux de ce genre et de cette époque, des juge-

---

[1] Doctorum hominum Epigrammata in laudem Budæi. — Dans sa dédicace au lecteur, Le Roy explique qu'il a fait un choix parmi les innombrables pièces composées en l'honneur de Budé.

ments très vrais portés sur cette grande personnalité.

Voici quelques vers français de Saint-Gelais :

> Qui est ce corps que si grand peuple suict?
> Las c'est Budé, au cercueil estendu.
> Que ne font donc les clochiers plus grand bruit?
> Son bruit sans cloche est assez espandu.
> Que na lon plus en torches despendu,
> Suivant la mode accoustumée et saincte?
> Affin qu'il soit par l'obscur entendu
> Que des François la lumière est estaincte.

Voici en quels termes le poète françois Connanus loue les mérites de Budé [1] :

« Voyageur, pourquoi t'arrêtes-tu inquiet et étonné? Tu cherches vainement en ce lieu le sépulcre de Budé ; tu penses que c'est là un

---

[1]   Quid stas anxius et stupens, viator?
   Budæi hoc tumulum loco requiris?
   Tam parvum esse putas viri sepulcrum,
   Cui laus tanta fuit decusque tantum?
   Quà totus patet orbis et quid ultra
   Si uspiam esse potest, perennis ipse
   Tam latè tumulatur et quiescit.

tombeau bien modeste pour un homme qui reçut de son vivant tant de louanges et tant d'honneurs? Partout où s'étend l'univers, et même au delà si possible, c'est là qu'il faut chercher le tombeau de cet homme immortel et le lieu de son repos. »

Citons les vers suivants de Nicolas Bourbon[1] :
« S'il était permis aux dieux de pleurer sur les destinées humaines, la divine Minerve verserait des larmes sur Budé, son favori. Les Muses grecques et latines pleureraient également. Apollon aussi pleurerait et jetterait sa lyre loin de lui. Gaule, tu pleurerais, et toi, grande Lutèce, en perdant un tel homme, tes délices ; tous les savants du monde pleureraient en chœur une telle perte, et notre siècle fondrait en larmes en

---

[1] Si fas flere deos esset mortalia fata,
Budæum fleret dia Minerva suum.
Flerent et graiæ pariter latiæque camœnæ,
Fleret et abjecta pulcher Apollo lyra.
Gallia tu fleres, tu magna Lutetia tali
Fleres orba viro delitiisque tuis.
Fleret doctorum toto chorus omnis in orbe,
Nostra suum flerent secla jacere decus.

voyant couché pour toujours celui qui fit sa gloire. »

Une autre épitaphe, composée par Christophe Richer [1], prend la forme d'une *Prosopopée*, où le tombeau de Budé lui-même s'adresse à la postérité :

« Générations futures, apprenez de moi qui je suis : Budé, la gloire des Parisiens, grave magis-

---

[1] Qui sim discite ex me posteri.
Budæus ille Parisiorum gloria,
Gravis senator et probus dum viveret :
Regi suo Francisco ob admirabilem
Rerum omnium peritiam charissimus :
Linguæ latinæ doctus, aptusque artifex :
Græcæ novator unus intermortuæ.
Optima πανδαισία honestarum artium,
Poeta, rhetor, philosophus, vir nemine
Superstitum vel superiorum, qualibet
Scientia inferior, et hac re Galliæ,
Vasti quoque orbis unicum lumen, gravi
Ac pertinaci febre correptus senex
Iam septuagenarius, sacrum sibi,
Suique, fecit me feretrum corporis,
Ecquod sepulcrum ullo sepulto sanctius,
Dat intuendum religiosa antiquitas?

trat, honnête homme tant qu'il vécut ; très cher à son roi François Ier pour la remarquable habileté qu'il possédait en toutes choses : savant dans la langue latine, et sachant la manier habilement ; rénovateur de la langue grecque, tombée dans l'oubli ; régal exquis pour tous les amis des arts libéraux ; poète, rhéteur, philosophe, homme qui ne fut inférieur en science à aucun des anciens ni des modernes ; il fut une lumière sans égale pour la Gaule et pour le monde entier. Atteint d'une fièvre grave et pernicieuse à un âge avancé, déjà septuagénaire, il trouva en moi son dernier asile. Et quel tombeau plus saint l'antiquité religieuse pourrait-elle offrir à ta contemplation ? »

Nous avons cité plus haut une épitaphe française de Mellin de Saint-Gelais. Le Roy nous en a conservé une autre du même poète, mais cette fois en latin. En voici la traduction :

« Au jugement de tous, Budé n'eut point d'égal pour la sagesse, la science, la pureté de mœurs, pour tout le bien qu'il a fait avec gloire chez lui et au dehors, pour le rôle qu'il a joué dans la renaissance des lettres. Parvenu à la vieillesse, il est mort au milieu des larmes des siens, dont le zèle pieux lui a donné cette sépulture. Quant à nous, faut-il pleurer amèrement sa mort? Les âges futurs seront reconnaissants envers nous et notre siècle d'avoir donné le jour à un tel homme [1]. »

Citons encore la pièce où Salmon caractérise la manière dont il voulut être inhumé :

« Budé a voulu être enterré de nuit, sans cierges ; on le comprend facilement : il était lui-même un flambeau, projetant une éclatante lumière [2]. »

[1] Judicio omnium, ille omnium maximus
Consilio, eruditione, innocentiâ
Budæus, optimè gestis domi et foris
Summis honoribus, restitutis litteris,
Inter suorum lacrymas obit senex,
(Si quid et hoc ad felicitatem attinet.)
Quorum fide et pietate, hic est conditus,
Et nos eum mortuum esse indignabimur,
Vixisse quem nobis nostroque fuit seculo
Omnia habitura gratiam sint secula?

[2] Budæus voluit mediâ de nocte sepulcro
Inferri et nullas prorsus adesse faces;
Non factum ratione caret, clarissima quando
Ipse sibi lampas luxque corusca fuit.

A l'occasion de cette pièce on peut rappeler que, dans son testament, Nicolas Rapin, comme le rapporte Dreux de Radier, ordonna à peu près les mêmes dispositions, bien qu'il fût fort bon catholique romain. Et même Salmon Macrin composa à la mort de Rapin des vers élégiaques imités de ceux de Saint-Gelais que nous venons de citer.

Voici la traduction d'une autre épitaphe, en vers grecs :

« Budé a su triompher de la mort. Jadis il était mortel; mais en étant, comme il l'a été, un sujet de gloire pour les Muses et pour sa patrie, il ne périt point, lors même qu'il est dans la tombe. »

Parmi ces éloges funèbres, citons-en deux encore. Le premier est dû à la plume de Théodore de Bèze, le voici :

« Budé l'incomparable, qui par son grand savoir s'attache la terre, les cieux et les hommes, a rendu son âme au Ciel et son corps à la terre, après nous avoir fait présent des superbes dons de son intelligence. Il est mort pauvre, ne s'étant rien réservé pour lui-même, mais une pareille pauvreté est supérieure à l'opulence[1]. »

Voici enfin l'épitaphe dédiée par Latome à la mémoire de Budé, pièce que, au dire de Moreri, plusieurs auteurs ont voulu faussement s'attribuer :

Budé le soutien et l'honneur de l'hellénisme : — la couronne de la langue latine : — le flambeau du droit obscur : — le père du bon goût : — la source de toute érudition : — l'astre étincelant de la patrie : — les délices de son Roi : — l'honneur, la grâce et le charme de son temps : — Budé laissa ici ses dépouilles à la terre, sa réputation au monde, son âme au Ciel..... Voyageur, poursuis ta route [2].

---

[1] Unus Budæus terramque polosque hominesque
  Devinxit magnâ providus arte sibi.
  Cœlo animum, terræ corpus donavit habendum,
  At cerebri nobis dona superba dedit.
  Sic decessit inops, nam nil sibi liquerat ipse,
  Verùm hæc paupertas unica vincit opes.
      (Voir Moreri, *Dictionnaire*, article Budé).

[2] Budæus columen, decusque Graiûm :
  Budæus Latiæ corona Linguæ :

Jacques de Saint-Marthe, l'un des doctes esprits de son temps, fit l'oraison funèbre de Budé.

L'église de Saint-Nicolas-des-Champs, où Budé fut enseveli, était au huitième siècle une chapelle destinée aux serfs et vassaux de l'Abbaye Saint-Martin. Elle fut reconstruite et agrandie au onzième siècle ; et bien qu'elle fût située en dehors de la ville, elle devint au treizième siècle l'église paroissiale pour les rues Symon Franque, de la Plastrière, des Etuves, des Jugléeurs, de Briambourg, du Temple, de Quinquempoix et la rue « où l'on cuit les oies. » Comme le dit M. Lavallée dans son *Histoire de Paris*, « elle a subi plusieurs reconstructions, dont la dernière est du dix-septième siècle, et qui ont fait d'elle un monument sans style, sans grâce, étouffé par les maisons voisines. » Son portail

---

Budæus dubii lucerna juris :
Budæus pater elegantiarum,
Et fons totius eruditionis :
Budæus patriæ jubar coruscum,
Regis delicium sui, suæque
Tempestatis honos, lepos, voluptas,
Hic terræ exuvias reliquit, orbi
Famam, astris animam. — Viator ito.

date de 1420. Outre le tombeau de Budé, cette église, qui est la paroisse du sixième arrondissement de Paris, contient ceux d'Henry et d'Adrien de Valois, de Mlle Scudéry, de Pierre Gassendi et de Théophile Viaud.

On a beaucoup discuté au sujet de cette clause du testament de Budé, qui demandait que ses funérailles fussent faites sans aucune pompe. Voici comment un auteur explique cette détermination. Ce n'est, selon lui, que par un principe d'humilité et par une suite de cette humeur studieuse qui l'avait tant fait vivre dans la retraite. « Ce bon esprit, dit-il, ayant vescu parmi les morts, pour vivre à tout jamais parmi les vivants, et s'estant entièrement sevré des compagnies pour s'adonner à la solitude, durant sa vie, retint encore cette humeur en sa mort, car il ordonna par son testament que son corps fust porté de nuit, sans flambeaux et sans pompe funèbre, de la rue Sainte-Avoye, où il demeurait lors de sa mort, jusqu'à Saint-Nicolas, qui est une assez longue traite, et voulut être enterré sans cérémonies, sans assemblée, sans avertissement et sons de cloches. Il est vrai que cette nouveauté donna sujet de discourir diversement, et que les prédicateurs de ce temps-là le soupçonnèrent; mais la vie précédente de Budé, l'intégrité et innocence de ses mœurs, l'opinion publique et les actions héroïques qu'il avait faites tant à Venise qu'à Paris pour l'honneur de la Religion et l'avancement des Lettres, furent fidèles témoins du contraire, de façon que les plus sages demeurèrent édifiés de son humilité, au lieu que les autres se formalisaient de la nouveauté; et de fait il est vrai que Budé pouvait faire ce qu'il fit par sentiment d'humilité, comme nous voyons plusieurs saints qui ont désiré que leur corps fût exposé à la voirie ou enseveli sans honneur. »

Un peu plus loin il continue de cette manière :

« Melin de Saint-Gelais sachant que l'intention de Budé avait été bonne, et faite conforme à ses humeurs qui étaient retirées et ennemies du tracas des compagnies, fit une excellente épigramme en l'honneur du défunt, par lequel il faisait voir que Budé en s'humiliant avait acquis plus de gloire par cette action que les autres par leurs pompeuses obsèques. »

On peut dire que cette disposition de Budé est fondée sur la doctrine de saint Augustin qui, dans le premier livre de la *Cité de Dieu*, chapitre 12, dit : « *Aussi toutes ces cérémonies des enterrements, le soin des funérailles, le choix de la sépulture, la pompe des obsèques, sont plutôt pour la consolation des vivants que pour le soulagement des morts. S'il est utile à l'impie d'être enseveli magnifiquement, une sépulture vile ou le défaut absolu de sépulture est nuisible à l'homme vertueux*[1]. »

Une des raisons pour lesquelles Budé inséra cette étrange clause dans son testament, c'est qu'ayant un très grand nombre de fils et de petits-fils, il préféra être enterré de nuit, car il prévoyait que si on l'eût fait de jour, il y aurait eu trop de cris de petits enfants et trop de larmes répandues dans la maison.

Et d'ailleurs à quoi eussent servi des cérémonies pleines de magnificence? A rehausser son

---

[1] Omnia ista, id est, curatio funeris, conditio sepulturae, pompæ exsequiarum, magis sunt vivorum solatia, quam subsidia mortuorum : si aliquid prodest impio sepultura pretiosa, oberit pio vilis, aut nulla.

mérite et ses belles qualités ? Nullement. Le cortège immense de peuple et de savants qui vint avec respect assister à ses modestes funérailles, fut un assez beau témoignage de l'honneur rendu au savoir et aux vertus de ce grand homme.

CHAPITRE XII

SA POSTÉRITÉ

En mourant Budé transmettait à ses enfants un noble héritage. A défaut des richesses périssables, il leur laissait le souvenir d'une vie exemplaire consacrée à la science, à sa famille, à sa patrie. Elle était précieuse pour sa veuve, ses fils et ses filles, la mémoire de cet homme de bien qui, au sein d'une cour corrompue, s'était conservé pur, alors que sous les dehors brillants d'une existence artistique et littéraire chacun, à commencer par le roi, cachait les plus honteux penchants. Il était remarquable, dans ce temps de dissolution et de prévarications, l'exemple d'un homme qui ne voulut nullement profiter des avantages pécuniaires considérables mis à sa portée; car, loin de se faire payer chèrement ses services, il dépensait sans compter ses revenus pour l'avancement de la science, et contribuait ainsi à honorer le grand siècle de la Renaissance, dont il est une des plus pures illustrations. Il ne ressemblait pas en cela à l'homme orgueilleux et et hautain qui fit à la Cour le malheur de Budé dont il était jaloux, au chancelier Duprat qui, sous les apparences d'un dévouement servile aux volontés de son prince, réussit à se créer une fortune particulière si scandaleuse que le roi la lui fit reprendre, en lui disant : « Je ne vous fais que ce que vous m'avez toujours conseillé de faire aux autres. » C'était un beau modèle qu'une carrière aussi désintéressée que celle de Budé : car, notons-le, malgré son absence complète d'ambition, il avait été honoré par trois souverains, contre les faveurs desquels il avait eu plutôt à se défendre. C'était assurément pour ses enfants une grande responsabilité morale à porter, que de se montrer, par leur conduite, dignes d'un tel père! On peut dire qu'à cet égard les fils et les filles de Budé ne faillirent pas à leur tâche.

Et au point de vue scientifique plus encore qu'au point de vue moral, quel lourd héritage n'avaient-ils pas reçu des mains de Guillaume Budé, ces fils qui sans cesse aiguillonnés par l'ardeur constante de leur père et son légitime désir de les voir réussir dans la carrière des lettres, étaient comme écrasés par la colossale réputation de ce génie rare et singulier! Ils étaient tenus de suivre, bien que de loin, les traces de ce puissant initiateur. Quel précurseur en effet que cet homme qui, dès les débuts de sa carrière, devançant les maîtres chargés de lui enseigner les sciences et les lettres, s'avançait d'un pas sûr et rapide, se formant lui-même et ne devant pour ainsi dire rien à personne. Puis, helléniste avant qu'on imprimât du grec en France, latiniste, juriste avant Cujas, il étonnait son siècle par ses immortels travaux, qui lui ont fait donner le beau surnom du plus grand des Grecs! Qu'étaient les sciences avant lui? En vain la France, l'Angleterre s'efforçaient-elles de secouer le joug du faux goût qui y régnait : la scolastique tenait toujours enchaînées les sciences et les lettres. D'absurdes et puériles disputes étaient le seul ressort des études, le but unique des exercices qui formaient la base de l'éducation. Budé brisa toutes les entraves de la barbarie : il sut obliger l'Université à changer peu à peu le plan d'études qu'avait établi le moyen âge. Il appliqua à l'étude de l'antiquité une méthode rationnelle et scientifique, et enfanta lui-même de ces ouvrages qui assurent l'immortalité. Pour ses fils quel exemple à suivre, mais quelle difficulté! Dans la route où il les avait précédés, combien sa trace lumineuse rendait leur tâche ardue, pour ne pas dire impossible! Là encore nous verrons que les fils de Budé firent honneur au nom de leur père.

Un mot sur la veuve et les enfants de Guillaume Budé.

La veuve de Budé restait à la tête d'une nombreuse famille. Mais, avec son énergie et les rares qualités dont elle était douée, elle ne fut pas au-dessous de sa lourde tâche. Grâce à ses lectures personnelles, et à l'influence des réformés dont Budé, bien que catholique sincère, ne craignait pas d'être l'ami déclaré, elle avait pu, du vivant même de son mari, être attirée vers les idées nouvelles. Elle ne tarda pas à passer complètement au protestantisme, avec une partie de sa famille. Bientôt après la mort de Budé, nous la voyons entrer en relations avec Calvin : elle le consulte sur l'opportunité qu'il y aurait, pour elle et ses enfants, de quitter la France où elle sentait déjà son repos menacé.

Voici la lettre par laquelle le Réformateur lui répond[1] :

« Combien que j'ai occasion de louer Dieu du bon zèle et de la constance qu'Il vous donne, selon que j'ai entendu par le porteur, toutefois pensant que mon exhortation ne vous serait point superflue, entre tant de diverses tentations et combats, je n'ai pas voulu faillir de vous écrire par lui quelques mots, et surtout pour vous aider à vous résoudre de la délibération qui vous est encore aucunement douteuse. C'est de vous retirer par de çà pour servir Dieu en repos de conscience. S'il vous était possible de vous en acquitter où vous êtes, je n'aurais garde de vous donner conseil d'en bouger. Mais je sais en quelle captivité vous êtes détenue. Quand Dieu aussi vous aurait donné vertu et constance de vous préparer à la mort et ne fléchir pour nulle crainte des dangers où vous êtes, il n'y aurait rien meilleur que d'user de cette grâce. Mais si

---

[1] Voir, dans le tome I des *Lettres françaises de Calvin*, publiées par le savant historien M. Jules Bonnet, cette lettre « à Madame Budé la veuve, » 1546. L'original est conservé à la Bibliothèque publique de Genève.

vous pensez que l'infirmité de votre chair surmonte et vous empêche de faire votre devoir, puisqu'il ne se peut faire que votre conscience ne soit en trouble et tourment continuel, il ne reste sinon de chercher remède convenable. Car ce n'est pas une petite perplexité, voire même angoisse de nous sentir coupables en une chose si grande ; voire et que le mal continue tellement et que nous ne fassions point de fin à offenser Dieu.

« Combien que plusieurs se flattent en cet endroit... j'estime que l'honneur de celui auquel nous devons tout vous est si précieux que ce vous est un regret importable d'y contrevenir tous les jours comme vous y êtes contrainte. Ainsi je ne doute pas que vous n'ayez une singulière affection de sortir de telle pauvreté et, cependant que vous y êtes, que ne soyez en merveilleuse sollicitude et tristesse. Considérez maintenant si ce n'est pas une malheureuse condition d'y languir sans fin. Je sais bien que plusieurs nous objectent que nous ne sommes pas icy anges non plus et que nous offensons Dieu comme on fait là, ce qui est vrai. Mais comme dit le proverbe : mal sur mal n'est pas santé. Par quoy si nous défaillons par trop en d'autres sortes, quel métier est-il d'augmenter notre condamnation en ajoutant au reste ce péché qui est tant grief, à savoir de ne donner point gloire au Fils de Dieu qui est anéanti pour notre salut ?

« Au reste quand vous avez bien taché par dissimulation à vous exemter des périls où vous êtes, encore n'est-ce rien fait... Et après avoir décliné de Dieu pour complaire au monde, vous n'avez rien profité sinon de languir comme en transe. Vous me demanderez si, étant venue icy, vous aurez repos assuré pour toujours. Je confesse que non. Car pendant que nous sommes en ce monde il nous convient être comme oiseaux sur la branche. Il plait ainsi à Dieu et nous est bon.

« Mais puisque cet *anglet* vous est donné, auquel vous puissiez achever le reste de votre vie, en le servant, s'il lui plait, ou bien profiter de plus en plus et vous confermer en sa Parole, afin que vous soyez plus prête à soutenir les persécutions quand il lui plaira, ce n'est pas raison de le refuser. Nous avons toujours à regarder à n'être point cause de notre malheur, et le chercher à notre escient et faute d'accepter les bons moyens que Dieu nous présente. Je sais que c'est une chose dure que de laisser le pays de sa naissance, principalement à femme ancienne comme vous et d'estat. Mais nous devons repousser telles difficultés par meilleures considérations : c'est que nous préférions à notre pays, toute région où Dieu est purement adoré ; que nous ne désirions meilleur repos de notre vieillesse que d'habiter en son Église où il repose et fait sa résidence ; que nous aimions mieux être *contemptibles* en lieu où son nom soit glorifié par nous que d'être honorables devant les hommes en le fraudant de l'honneur qui luy appartient.

« Touchant les doutes qui vous peuvent venir en l'esprit, il serait trop long de répondre à tous. Mais que vous ayez toujours ce point résolu, qu'il nous faut remettre beaucoup de sollicitudes à la Providence de Dieu, espérant qu'il proverra aux choses où il ne nous apparaît nulle issue. Et de fait il n'y a que douter que si nous le cherchons nous le trouverons. C'est-à-dire qu'il sera avec nous pour guider nos pas et avoir le soin de nos affaires pour y donner bon ordre. Vrai est que nous ne laisserons pas d'être sujets à plusieurs fâcheries et molestes ; mais prions-le qu'étant fortifiés par sa parole nous ayons de quoi les surmonter. Et toutefois vous avez beaucoup d'aides qui vous ôtent l'excuse qu'ont plusieurs autres. Quand il plaira à Dieu vous conduire, vous ne viendrez pas si dénuée de bien qu'il n'y ait pour vous sustenter, au lieu que beaucoup de pauvres gens n'ont que charge sans provision. Combien y a-t-il de femmes chrétiennes qui sont tenues comme captives par leurs enfants. Or notre Seigneur vous a fait cet avantage que vous ayez des enfants qui non seulement se présentent à vous délivrer de captivité, mais aussi vous exhortent. Vous avez la liberté que plusieurs souhaitent, de laquelle vous devez user, pour vous employer tant plus franchement au service de Dieu.

« Entre les autres empêchements qu'il semble que vous ayez, il y aurait votre fille pour ce qu'elle est à marier. Mais tant s'en faut que je la compte pour empêchement qu'elle doit plutôt servir d'éperon pour vous inciter davantage. J'entends que vous l'aimez non pas seulement de l'amour commun qu'ont les mères, mais d'une affection singulière. Or je vous prie de bien considérer lequel lui vaudra mieux d'être là liée en mariage pour demeurer en servitude perpétuelle, ou d'être par vous conduite en lieu où il lui soit libre de vivre chrétiennement avec son mari. Car il vous faut avoir cette espérance que Dieu lui adressera parti honnête qui vous sera en consolation comme à elle. Il y a une chose dont il est bon que vous soyez avertie, afin que rien ne vous émeuve comme nouveau et non prévu. C'est que Satan vous suscitera beaucoup de troubles pour renverser ou retarder votre sainte entreprise. Mais quand vous aurez pris votre conclusion arrêtée, il ne vous sera pas difficile de surmonter tout. Cependant usez de l'opportunité ce pendant qu'elle vous est offerte. Car, comme en une chose sainte, il nous convient conclure en bref, sans conseiller ne varier longtemps, aussi est-il nécessaire d'exécuter tantôt ce que nous aurons conclu, craignant, selon la fragilité qui est en nous, de nous refroidir de notre bon propos.

« Pour faire fin, sachant que toutes exhortations seraient vaines et inutiles de moi, sinon que Dieu leur donnât vertu les faisant entrer en votre cœur, je le supplierai de l'instruire de vraie prudence pour juger ce qui vous sera expédient de faire, de vous donner constance ferme pour obéir à sa volonté de vous tendre la main et se montrer votre conducteur, de vous faire cette grâce qu'en vous reposant sur Lui vous sentiez partout et en tout son assistance[1]. »

Cependant la famille de Budé hésitait encore. La correspondance avec Calvin continua, et nous voyons celui-ci, l'année suivante, renouveler les mêmes conseils à Louis Budé[2], tout en paraissant déplorer qu'on ne retrouve plus ce zèle ardent qu'avaient déployé, devant les persécutions, les premiers martyrs de la Réforme. Toutefois Calvin déclare que la veuve et les enfants de Budé feront bien de préférer la retraite à l'étranger au culte catholique qu'ils seraient forcés d'exercer en France.

« Je laisse à dire que Dieu vous a donné une aide que tous n'ont pas. C'est que vous avez une Sara qui sera prête de vous suivre où ce bon Père vous appellera, tellement qu'il ne tiendra

---

[1] Signé « Votre serviteur et humble frère, Ch. d'Espeville. » On sait que Calvin signait souvent ses lettres de ce pseudonyme.

[2] Lettre de Calvin à Louis Budé, 19 juin 1547. Tome I de l'édition Bonnet.

qu'à vous que vous ne suiviez l'exemple de votre père Abraham... »

« C'est grand'honte, dit-il plus loin, qu'en telle connaissance que Dieu nous a donnée il y a si peu de cœur, auprès de cette ardeur qui était aux martyrs qui nous ont précédés, lesquels étaient prêts d'aller à la mort sitôt que Dieu les avait illuminés. »

La veuve de Budé, après bien des hésitations, suivit enfin les conseils de Calvin, et en 1549 elle se rendit à Genève, avec deux de ses filles et trois de ses fils. Mélanchthon [1], dans une lettre à Camerarius du 11 septembre 1549, parle de son arrivée dans la cité de Calvin : elle venait, après sa récente conversion, chercher près de Calvin les ressources spirituelles qui convenaient à son nouvel état, et elle se dérobait du même coup aux persécutions dont les réformés étaient alors l'objet en France.

---

[1] « Venit huc quispiam ex Galliâ nobilis vir doctus qui narrat honestissimam matronam viduam Budæi una cum filiabus Lutetiâ migrasse ad Calvini Ecclesiam, ut ibi vocem Evangelii audiat et longius absit a sævitiâ quæ in regno gallico adversus Evangelii studiosos exercetur. »

Elle n'était pas la seule qui cherchât un refuge dans cette ville qu'on appelait déjà la Rome protestante.

La propagation du mouvement réformé en France, qui coïncidait, comme l'on sait, soit avec les succès de la Réforme en Angleterre, soit avec les symptômes d'un réveil évangélique en Italie, amenait de jour en jour des mesures de rigueur plus prononcées de la part du gouvernement français. La lutte contre l'hérésie s'organisait rapidement. « Le Parlement, dit M. Victor Duruy dans son excellent *Abrégé de l'Histoire de France*, avait défendu les prêches dans les campagnes, porté la peine de mort contre les hérétiques et sanctionné l'établissement d'un tribunal d'inquisition pour les clercs. Les autodafés, nombreux à Paris, à Toulouse, à Vienne, à Montpellier, l'exécution des Vaudois, témoignaient suffisamment que si le gouvernement, dans sa politique étrangère, s'appuyait sur les protestants du dehors, il n'entendait faire aucune concession aux protestants du dedans. » Mais, de même qu'aux premiers siècles de l'Église, la persécution ne fit qu'enflammer le zèle des nouveaux convertis. « Le concile de

Trente (1545), le nouvel ordre religieux de la *Compagnie de Jésus*, créé tout exprès pour combattre l'hérésie, furent impuissants à arrêter ses progrès [1]. »

Le 19 novembre 1549, Henri II promulguait un édit instituant dans le parlement de Paris une chambre spéciale pour expédier plus promptement les procès d'hérésie ; les considérants de l'édit portaient que « l'hérésie obligée de se cacher comme le feu sous la cendre s'était nourrie et fortifiée et qu'une foule de personnes, les unes simples, les autres téméraires, en étaient infectées. »

« Le flot croissant de la persécution poussait sur nos rives ces épaves, dit Amédée Roget [2]. Aussi, en été 1549, Genève vit-elle arriver dans ses murs non plus des fugitifs obscurs et égarés, mais de véritables convois et dans le nombre des représentants de familles distinguées. Au nombre des premiers est Théodore de Bèze, natif de Vézelay. Le 27 juin la famille de Jean Budé, de Paris, plante ses tentes dans notre cité. »

---

[1] V. Duruy, *Abr. de l'Hist. de Fr.*, tome II, p. 83.
[2] *Histoire du peuple de Genève*, tome III, p. 104.

Ainsi s'accomplissait chaque jour l'immigration française ; si Genève offrait l'hospitalité, sur un sol libre et généreux, à tant de persécutés, ces derniers devaient lui payer largement plus tard les services rendus, par la féconde impulsion qu'ils donnèrent aux lettres, aux sciences et à toutes les branches de l'industrie.

« Au moment de la mort du roi, dit Michelet [1], cent cinquante familles fuient à Genève et bientôt quatorze cents, au moins cinq mille individus. On sait que cette élite française, avec l'émigration des meilleures familles italiennes, fonda la vraie Genève, cet étonnant asile entre trois nations qui sans appui (craignant même les Suisses) dura par sa force morale. Point de territoire, point d'armée ; rien pour l'espace, le temps, ni la matière ; la cité de l'esprit, bâtie de stoïcisme sur le roc de la prédestination. »

Disons rapidement ce que devinrent les enfants de Budé [2].

---

[1] *Histoire de France*, tome XII, page 340.
[2] Voici un tableau généalogique qui indiquera som-

Jean Budé, qui avait épousé Marie Jouan, est mentionné dans l'*Histoire ecclésiastique* de Th. de Bèze comme un homme de lettres très

mairement quels sont les ascendants et les descendants de Guillaume Budé[*] :

Guillaume Budé (1340), dont il est parlé dans un ancien registre de la Chambre des Comptes de Paris de la même année, eut pour fils Jean Budé, secrétaire de Charles VI, roi de France. De ce Jean naquit Dreux Budé, qui fut grand audiencier de la Chancellerie, créé garde des livres et chartres du roi en 1449, et qui fut prévôt des marchands de Paris en 1455. Dreux eut pour fils Jean Budé, deuxième du nom, seigneur d'Yères et Villiers, secrétaire du roi Charles VII, grand audiencier de la Chancellerie, et qui fut père de notre Guillaume.

Guillaume Budé, comme nous l'avons vu, eut sept fils et quatre filles, dont nous avons donné les noms avec quelques détails biographiques dans le corps de ce volume.

Jean Budé, troisième du nom, le second des fils de Guillaume, est le seul dont la postérité se soit perpétuée jusqu'à nos jours. La descendance de ce Jean a possédé

[*] Voir : Blanchard, *Hist. des Maîtres des Requêtes.*
Hozier, *Généalogies.*
Borel d'Hauterive.
Courcelles.
De Magny, *Livre d'or de la noblesse*, vol. IV, p. 96.
Galiffe, *Notices généalogiques.*

estimé. Il recueillit, avec Charles de Joinville et quelques autres de ses amis, les leçons de Jean Calvin sur les douze petits prophètes, qui

les terres et seigneuries de Vérace, de Balaison, de Boisy, de Beauregard, de Montréal et de Fernex. Jean Budé eut pour fils Jean, quatrième du nom, seigneur de Vérace et de Balaison, gentilhomme ordinaire du roi Henry IV, et qui se distingua le 17 septembre 1591 à la bataille de Pontcharra, comme lieutenant de la Compagnie des gendarmes du sieur de Briquemaut. Créé conseiller d'État de la République de Genève en 1599, député l'année suivante à Lyon auprès de Henry IV, et en Dauphiné auprès du connétable de Lesdiguières, il défendit Genève en 1602 contre le duc de Savoie dans la mémorable nuit de l'Escalade; il fut nommé syndic de la République en 1603, et mourut en 1610. Le seul des fils de ce Jean Budé qui eut une descendance fut Bernard Budé, chevalier, seigneur de Vérace, Bois-Beauregard et Veuillerand. Décédé en 1667, il eut pour fils Guillaume, troisième du nom, seigneur de Fernex, Beauregard et Boisy, né en juin 1643, qui servit dans les gardes de Charles XI, roi de Suède, ensuite au siège de Candie sous le maréchal de la Feuillade; en 1679 il fut député de la noblesse du pays de Gex auprès du prince de Condé. Son fils Isaac fut un homme recommandable par son rare mérite, qui lui valut des distinctions flatteuses de plusieurs cours étrangères; il eut pour fils Jean-Louis Budé, seigneur de furent imprimées par ses soins en 1557 et à la tête desquelles il mit une préface de sa façon, de même que pour les leçons de ce grand réformateur sur le Prophète Daniel en 1561.

Jean Budé[1] alla avec Farel et Th. de Bèze à la cour de l'Électeur palatin, à celles du landgrave de Hesse et du duc de Wurtemberg, en 1558, dans les circonstances suivantes :

On avait surpris une réunion de protestants à Paris en 1557 ; elle était composée de quatre cents personnes dont sept furent condamnées

---

Boisy et de Balaison, officier au service du roi de Sardaigne. Ce dernier eut deux fils, Isaac et Jacques-Louis : Isaac servit en France et Jacques-Louis dans la garde hanovrienne. A partir de cette époque la famille Budé est représentée par deux branches : Isaac eut pour fils Louis-Jules-Eugène, officier aux gardes suisses sous Charles X, et dont la famille subsiste encore ; et Jacques-Louis eut de nombreux enfants, parmi lesquels deux fils, Auguste de Budé-Laurence et Charles de Budé-Osterman, dont les descendants existent encore aujourd'hui.

[1] Jean Budé, seigneur de Vérace, fut reçu habitant de Genève le 25 janvier 1549, et bourgeois le 2 mai 1555, des CC. en 1559, puis du Conseil des LX. Il figure au nombre des témoins dans le procès de Bolsec en 1551 (Voir *Procès de Jérome Bolsec* par Henry Fazy, Genève, 1865).

au bûcher, tandis que les autres furent jetées dans des cachots. Les réformés recoururent à l'intercession de quelques princes allemands, pour tâcher d'obtenir de Henri II la vie de ces pauvres prisonniers. Si d'abord la Cour de France eut peu d'égards à leurs représentations, plus tard elles ne furent pas inutiles.

Le second des fils de Budé qui avait émigré avec sa mère, Louis, sieur de la Motte, occupa à Genève la chaire de professeur des langues orientales. On a de lui les Psaumes de David en français [1], traduits selon la vérité avec annotations, et les Proverbes de Salomon, l'Ecclésiaste, le Cantique des Cantiques, le Livre de Sapience et l'Ecclésiastique traduits du latin et de l'hébreu en français [2]. Il contribua, par ses conseils judicieux, à la fondation du Collège de Genève.

Il mourut en 1552 sans laisser d'enfants de sa femme, Barbe, fille de Jean LeBouch, sieur de la Bourdonnière dans le Berry.

---

[1] Genève 1551. Voir Em. Pétavel, *La Bible en France*, p. 171, in-8°.
[2] Lyon, 1558, in-16.

Les autres fils de G. Budé[1] qui demeurèrent en France furent Dreux Budé, le fils aîné, qui fut avocat du roi en la cour des aides ; il avait épousé Barbe de Paillart, fille de Jean de Paillart.

Antoine, seigneur de Marly, puis de Frossy, épousa Marie le Blanc, fille d'Étienne le Blanc, seigneur de Beaulieu, contrôleur général de l'épargne du roi.

François, seigneur de Villeneuve, fut marié avec Marguerite Morel.

Ajoutons encore Mathieu Budé, qui mourut sans avoir été marié. Ce fut un hébraïsant distingué. Son nom se retrouve dans un dialogue fort curieux composé par le professeur d'hébreu Paul Paradis, dit Le Canosse, vénitien de naissance, originairement juif de religion. C'est un dialogue latin sur la manière de lire l'hébreu et dont les interlocuteurs sont deux de ses meilleurs élèves, Martial Govéan et Mathieu Budé.

Nous le voyons, en 1545, se rendre à Genève avec Crespin et Diaz, jeune espagnol nouvellement converti, « pour voir l'Église en ceste ville et le bel ordre qui s'y trouvoit. »

---

[1] Voir Hozier, *Généalogie de la famille Budé.* Idem par de Magny.

Mentionnons enfin Étienne et Guillaume Budé, morts en bas âge.

L'une des filles du grand helléniste, Marguerite, épousa en 1550 Guillaume de Trie, baron de Liserable, seigneur de Varennes, gentilhomme du Lyonnais, réfugié à Genève pour cause de religion et qui arriva dans cette ville avec la veuve Budé.

Quant à sa fille Catherine, elle épousa Jean Anjorrant, seigneur de Claye et de Juilly, conseiller du roi en la Cour du Parlement de Paris et Président aux enquêtes. Marot composa pour elle l'épitaphe suivante :

> Mort a ravy Catherine Budé.
> Cy gist le corps : hélas qui l'eut cuidé !
> Elle estoit jeune, en bon point, belle et blanche ;
> Tout cela chet comme fleurs de la branche.
> N'y pensons plus : Voyre mais du renom
> Qu'elle mérite en diray-je rien ? Non,
> Car du mary les larmes pour le moins
> De sa bonté sont suffisans témoings.

Deux autres filles moururent célibataires : Anne et Isabeau, celle-ci religieuse à l'Abbaye de Notre-Dame d'Yerres.

D'après le peu que nous avons dit des fils de Budé, on voit qu'ils ne furent pas indignes de leur père. Il surent porter honorablement ce nom glorieux, et mettre au service de leur nouvelle patrie, soit dans la carrière des lettres, soit dans les fonctions publiques, les talents qu'ils avaient pour ainsi dire reçus en héritage.

Nous voici arrivé au terme de notre étude, que nous avons essayé de rendre aussi complète que possible [1]. Nous aimerions à croire que notre mo-

---

[1] Remercions ici, pour les utiles renseignements qu'ils nous ont fournis durant le cours de ce travail, MM. Bonet-Maury, directeur des Archives publiques de Paris; Léopold Delisle, directeur de la Bibliothèque nationale de cette ville; Loisel, directeur des Archives d'Orléans; Gosselin, directeur du Musée de Versailles; Régnier, bibliothécaire à Fontainebleau; Jules Bonnet, secrétaire de la Société de l'Histoire du Protestantisme français; Dr Sieber, bibliothécaire à Bâle; Ph. Plan et Ph. Roget, de la Bibliothèque publique de Genève; L. Dufour, archiviste de la même ville; Th. Dufour, président de la Société d'histoire et d'archéologie genevoise. Témoignons aussi notre gratitude à MM. Maquet, de Marly-le-Roy, Sagnier, de Nîmes, Frédéric Maurice, Charles de Budé et Antoine Flammer, de Genève, pour leurs précieuses communications.

deste travail, en dépit de toutes ses imperfections, pourra contribuer à raviver le souvenir de Guillaume Budé, trop oublié de nos jours en dehors du monde savant. Puisse notre jeunesse actuelle, en contemplant cette imposante figure de la Renaissance, sentir s'éveiller en elle un peu de cette ardeur prodigieuse que Budé avait vouée à la culture de la science et à la pratique des vertus morales !

TABLE

	Pages
Chapitre I. Jeunesse de Budé	5
» II. Budé à la Cour	25
» III. Coup d'œil sur la Renaissance, premiers écrits de Budé	49
» IV. Le De Asse	70
» V. Opuscules et commentaires sur la langue grecque	91
» VI. Philologie, hellénisme et christianisme, Institution du Prince	107
» VII. Correspondance de Budé	138
» VIII. Suite de la vie de Budé	179
» IX. Budé, ses amis, les savants de son temps	214
» X. Guillaume Budé (suite de la biographie)	237
» XI. Mort de G. Budé	258
» XII. Sa postérité	278

www.ingramcontent.com/pod-product-compliance
Lightning Source LLC
Chambersburg PA
CBHW071420150426
43191CB00008B/992